世界银行

世界银行物流绩效指数报告
(2018)

联结以竞争：全球经济中的贸易物流

著 (法) 让-弗朗索瓦·阿维斯 等
译 王 波

中国财富出版社

图书在版编目（CIP）数据

世界银行物流绩效指数报告：联结以竞争：全球经济中的贸易物流. 2018 /（法）阿维斯等著；王波译. —北京：中国财富出版社，2018. 11

书名原文：The Logistics Performance Index and Its Indicators 2018：Connecting to Compete：Trade Logistics in the Global Economy

ISBN 978-7-5047-6750-9

Ⅰ. ①世…　Ⅱ. ①阿…②王…　Ⅲ. ①物流—经济绩效—指数—研究报告—世界—2018 ②物流—经济绩效—经济指标—研究报告—世界—2018　Ⅳ. ①F259. 1

中国版本图书馆 CIP 数据核字（2018）第 249333 号

前言一

很高兴为大家展示第六版《联结以竞争》，即2018年版《物流绩效指数（LPI）报告》。这个跨学科的世界银行项目面世刚刚超过十年，其根本目标就是为大家提供一种简单的比较工具，也就是物流绩效指数，能通过供应链有效地将企业与市场和物流绩效联系起来。

自2007年以来，与世界银行集团合作的大多数国家都充分认识到物流绩效指数对经济增长和整合的重要性。物流的跨行业性质在政策领域已被广泛认可：物流不仅直接关联基础设施，还包括服务、可持续性、弹性和贸易便利化的监管。

我们可以看到，这一定期出版物在帮助各国制定自己的政策、在国家层面上激励采取一致的干预和改革办法方面产生了重大影响。在某些情况下，一些国家要求世界银行提供比LPI所能提供的粗略指引更为深入的专门知识和工具，以解决其供应链制约问题。但是，LPI在提供跨国间的共同参考方面仍然具有独特性。

这项工作可能有点重复。在过去两年的时间里，最佳表现者的名单并没有太大的变化。我们请读者略过国家排名，多关注主题和政策之间的联系。物流行业在需求的本质（如电子商务）、参与者、技术的使用、新风险（网络安全）和政策方面变化迅速。专家们和国家也越来越关注供应链的环境足迹和弹性。

我们希望这份报告能够吸引广泛和多样化的读者——政策制定者、从业者和研究人员。我们相信这份报告及其数据对读者是有用的。

卡罗琳·弗罗伊德

世界银行集团宏观经济、贸易和投资全球业务主任

乔斯·路易斯·伊里戈

世界银行集团运输和数字发展全球实践高级主管

前言二

物流对于许多国际运输论坛的成员国来说拥有高优先权。因为促进贸易和运输是刺激经济发展的核心，所以一些国家制定了全面的国家物流战略。良好的国内和国际物流运作是国家竞争力的先决条件。基于事实的衡量标准可以提供可靠的基准、评估政策的影响，并比较全球物流的进展。

世界银行物流绩效指数（LPI）是一种独特的基准工具，为 160 多个国家提供了相同的衡量标准。在国际运输论坛上，我们将 LPI 作为与成员国对话的最重要的起点来推动物流绩效的驱动。LPI 的六个组成部分——海关、基础设施、运输安排的便利性、物流服务的质量、及时性、跟踪和追溯，都指向能改进各部分的政策行动。国际运输论坛研究考察了物流绩效的驱动因素，并评估了智利、墨西哥、土耳其以及最近越南的国家物流观测站的发展情况。

LPI 是更好地理解日益复杂供应链背景下各国物流绩效的关键指标。我相信，2018 年版的 LPI 将被各国政府、国际组织、私营企业和学术界广泛用于改善物流这一全球经济的支柱。

杨·金泰荣

经济合作与发展组织国际运输论坛秘书长

致　谢

本报告在世界银行卡洛斯·费利佩·哈拉米略（高级主任）、卡罗琳·弗罗伊德（主任）和何塞·吉尔赫梅·雷斯（实践经理）的领导下，由全球贸易和区域一体化宏观经济、贸易和投资全球实践团队编撰。项目主管为让－弗朗索瓦·阿维斯（jarvis1@worldbank.org）和克里斯蒂安·维德勒（cwiederer@worldbank.org）。作者还包括劳里·奥加拉教授（图尔库大学图尔库经济学院，lauri.ojala@utu.fi）、本·谢泼德（发展贸易顾问有限公司主要负责人，ben@development－trade.com）、阿纳苏亚·拉杰（anasuya.raj14@gmail.com）、卡莱加什·达里巴耶娃（kdairabayeva@worldbank.org）和托马斯·基斯基（tmmkii@utu.fi）。

作者们感谢本报告的同行评审米歇尔·鲁塔和路易斯·布兰卡，以及世界银行的其他同事，包括科德拉·拉斯托吉、丹尼尔·萨斯拉夫斯基、范妮·德拉维尔、斯特凡·哈勒盖特、安得烈·伯恩斯和伊内丝·扎巴尔贝西亚·穆希卡，他们为本报告提供了指导和录入。与往年一样，由布鲁斯·罗斯－拉森领导的通信发展公司设计、编辑和排版了本报告。

如果没有国际货运代理协会联合会（www.fiata.com）的支持和参与，特别是国际货运代理协会前总干事马可·索赫提以及国际货运代理协会现任总干事汉斯·冈瑟·克斯滕的支持和参与，物流绩效指数（LPI）调查就不可能实现。世界各地的国家货运代理协会和一大批大中小型物流公司在传播调查报告方面发挥了重要作用。这项调查是由芬兰图尔库大学图尔库经济学院（www.utu.fi/en）设计的，该学院自2007年以来一直与世界银行合作开发这一项目。

作者在此感谢外部同事在联络代理协会和为本报告提供录入方面的支持和贡献，他们包括露丝·帕依荣（泰国国立政法大学）、塔皮·奥努拉（阿曼物流中心）和塞萨尔·拉瓦尔（ILOS，巴西物流与供应链研究所）。BlueTundra.com 的丹尼尔·克雷默在其核心团队的指导下，设计、开发并维护了提供 LPI 问卷调查及其结果的网站。世界银行信息解决方案集团的司考特·约翰逊帮助该小组发放了调查报告。

作者还要感谢全球数百名参与问卷调查的国际货运代理及快递公司工作人员。他们的参与对于报告的质量和项目的可信度至关重要。他们的持续反馈对于我们未来进一步研究和改进问卷调查及 LPI 报告具有非常重要的作用。

目录

Contents

表框

图

表

总　览

2012—2018 年 LPI 排名和得分汇总

今年的《联结以竞争》汇总了 2012—2018 年的结果。该方法包括在附录 1 中。2018 年 LPI 的排名与得分见附录 2。

经济体	平均排名	2012—2018 年 LPI 得分	最佳绩效国家（地区）的百分比（%）	经济体	平均排名	2012—2018 年 LPI 得分	最佳绩效国家（地区）的百分比（%）	经济体	平均排名	2012—2018 年 LPI 得分	最佳绩效国家（地区）的百分比（%）
德国	1	4.19	100.0	加拿大	17	3.81	90.9	以色列*	33	3.39	81.0
荷兰	2	4.07	97.2	西班牙	18	3.78	90.3	泰国	34	3.36	80.2
瑞典	3	4.07	97.2	澳大利亚	19	3.77	90.0	马来西亚	35	3.34	79.9
比利时	4	4.05	96.9	挪威	20	3.74	89.3	爱沙尼亚	36	3.30	78.8
新加坡	5	4.05	96.6	意大利	21	3.73	89.2	土耳其	37	3.29	78.6
英国	6	4.01	95.7	新西兰	22	3.68	88.0	冰岛	38	3.29	78.6
日本	7	3.99	95.3	韩国	23	3.65	87.3	斯洛文尼亚	39	3.29	78.5
奥地利	8	3.99	95.2	中国台湾	24	3.65	87.2	智利	40	3.28	78.4
中国香港	9	3.96	94.6	爱尔兰	25	3.63	86.8	巴拿马	41	3.26	77.8
美国	10	3.92	93.7	捷克共和国	26	3.62	86.4	印度	42	3.22	77.0
丹麦	11	3.92	93.6	中国	27	3.60	86.1	立陶宛	43	3.20	76.4
芬兰	12	3.92	93.5	葡萄牙	28	3.56	85.1	希腊	44	3.19	76.2
瑞士	13	3.91	93.4	南非	29	3.51	83.8	越南	45	3.16	75.5
阿拉伯联合酋长国	14	3.89	92.8	卡塔尔	30	3.50	83.7	阿曼	46	3.16	75.5
法国	15	3.86	92.2	波兰	31	3.50	83.5	斯洛伐克共和国	47	3.14	75.0
卢森堡	16	3.84	91.8	匈牙利	32	3.41	81.5	克罗地亚	48	3.12	74.4

续 表

经济体	平均排名	2012—2018 年 LPI 得分	最佳绩效国家（地区）的百分比（%）	经济体	平均排名	2012—2018 年 LPI 得分	最佳绩效国家（地区）的百分比（%）	经济体	平均排名	2012—2018 年 LPI 得分	最佳绩效国家（地区）的百分比（%）
塞浦路斯	49	3.10	74.0	厄瓜多尔	70	2.82	67.4	毛里求斯*	91	2.65	63.3
罗马尼亚	50	3.10	74.0	哥伦比亚	71	2.81	67.1	斯里兰卡*	92	2.65	63.2
印度尼西亚	51	3.08	73.6	乌干达*	72	2.79	66.7	贝宁	93	2.65	63.2
沙特阿拉伯	52	3.08	73.6	文莱	73	2.78	66.5	黑山	94	2.65	63.2
墨西哥	53	3.08	73.6	秘鲁	74	2.78	66.5	巴基斯坦	95	2.64	62.9
巴林	54	3.06	73.2	乌拉圭	75	2.78	66.4	布基纳法索	96	2.63	62.9
拉脱维亚	55	3.02	72.3	约旦	76	2.78	66.3	马尔代夫	97	2.63	62.8
巴西	56	3.02	72.1	哈萨克斯坦	77	2.77	66.2	阿尔巴尼亚*	98	2.62	62.5
保加利亚	57	3.00	71.7	波斯尼亚和黑塞哥维那	78	2.76	65.8	马其顿	99	2.62	62.5
博茨瓦纳*	58	2.96	70.7	哥斯达黎加	79	2.74	65.4	孟加拉国*	100	2.60	62.0
科威特	59	2.96	70.6	纳米比亚*	80	2.73	65.1	加纳	101	2.60	62.0
埃及	60	2.95	70.5	伊朗*	81	2.71	64.8	莫桑比克*	102	2.59	61.9
马耳他	61	2.94	70.3	黎巴嫩	82	2.71	64.7	尼日利亚	103	2.59	61.8
阿根廷	62	2.93	70.0	巴拉圭	83	2.70	64.6	突尼斯	104	2.59	61.8
肯尼亚	63	2.93	69.9	马拉维*	84	2.69	64.3	圣多美和普林西比	105	2.56	61.3
菲律宾	64	2.91	69.6	俄罗斯	85	2.69	64.2	洪都拉斯	106	2.56	61.2
卢旺达	65	2.90	69.3	多米尼加共和国	86	2.68	64.1	阿尔及利亚	107	2.56	61.1
科特迪瓦	66	2.89	69.0	摩洛哥*	87	2.67	63.8	尼加拉瓜*	108	2.56	61.0
坦桑尼亚*	67	2.88	68.8	萨尔瓦多	88	2.66	63.6	马里*	109	2.55	60.9
塞尔维亚	68	2.83	67.7	柬埔寨	89	2.66	63.5	白俄罗斯	110	2.54	60.6
乌克兰	69	2.83	67.5	巴哈马	90	2.65	63.3	牙买加	111	2.52	49.3

续 表

经济体	平均排名	2012—2018年LPI得分	最佳绩效国家（地区）的百分比（%）	经济体	平均排名	2012—2018年LPI得分	最佳绩效国家（地区）的百分比（%）	经济体	平均排名	2012—2018年LPI得分	最佳绩效国家（地区）的百分比（%）
所罗门群岛	112	2.52	60.2	埃塞俄比亚*	131	2.40	57.2	中非共和国*	150	2.26	54.0
摩尔多瓦	113	2.52	60.1	吉尔吉斯共和国	132	2.38	57.0	不丹	151	2.25	53.7
科摩罗	114	2.51	60.1	刚果（布）	133	2.38	56.7	古巴	152	2.23	53.4
危地马拉	115	2.51	59.9	斐济	134	2.37	56.7	莱索托	153	2.22	53.0
亚美尼亚	116	2.51	59.9	委内瑞拉	135	2.37	56.5	布隆迪	154	2.22	53.0
乌兹别克斯坦	117	2.50	59.7	玻利维亚	136	2.36	56.5	利比亚	155	2.21	52.9
赞比亚*	118	2.49	59.4	马达加斯加	137	2.35	56.1	赤道几内亚*	156	2.21	52.7
多哥	119	2.48	59.4	冈比亚	138	2.34	56.0	毛利塔尼亚	157	2.20	52.5
老挝人民民主共和国	120	2.48	59.2	缅甸	139	2.34	55.9	加蓬	158	2.19	52.3
尼泊尔	121	2.45	58.6	乍得	140	2.34	55.9	伊拉克	159	2.18	52.2
圭亚那	122	2.45	58.6	塞内加尔	141	2.34	55.8	安哥拉	160	2.18	52.1
阿塞拜疆*	123	2.45	58.5	土库曼斯坦*	142	2.34	55.8	津巴布韦	161	2.17	51.8
乔治亚州	124	2.45	58.5	刚果（金）	143	2.33	55.6	厄立特里亚	162	2.11	50.4
喀麦隆	125	2.43	58.1	巴布亚新几内亚	144	2.31	55.2	阿拉伯叙利亚共和国	163	2.10	50.2
吉布提	126	2.43	58.1	几内亚	145	2.30	54.9	塞拉利昂*	164	2.06	49.3
特立尼达和多巴哥*	127	2.41	57.5	利比里亚	146	2.29	54.7	阿富汗	165	2.04	48.7
几内亚比绍	128	2.40	57.4	塔吉克斯坦	147	2.29	54.6	海地	166	2.02	48.3
蒙古	129	2.40	57.3	尼日尔	148	2.29	54.6	索马里*	167	2.00	47.7
苏丹	130	2.40	57.3	也门*	149	2.27	54.3				

注：*是指一个或两个版本的价值缺失的国家。有关详细信息，请参阅附录1。

概要与主要研究发现

物流绩效指数（LPI）的第六版《联结以竞争》报告，展示了物流专业人士对于160多个国家物流绩效的最新世界贸易观点。这两年一期的关于物流基础设施、服务提供、跨境贸易便利化等方面的信息对于决策者、贸易商以及包括研究人员和教师在内的其他利益相关者来说是无价的。

LPI的数据调查对于国家运输一般商品（通常是统一形式的制造产品）的难易程度提供了数值证据，特别是对国际商品。LPI国际部分的六项主要指标用五分量表总结了世界物流专业人员对国家贸易的评估。

LPI的国内部分表明一个国家内关键物流服务的质量和可用性，但由于响应数量较少，这些数据在按地区或收入组别进行比较时会更翔实。

物流被定义为支持货物的实物流动、跨境贸易和边界贸易的服务网络。它包括运输及其以外的一系列活动，即仓储、代理、快递、终端运营以及相关的数据和信息管理。

这些网络连接所产生的全球营业额超过4.3万亿美元，所以更好地了解其运营并非易事①。对于个别国家而言，物流绩效是经济增长和竞争力的关键。低效的物流增加了经营成本，降低了国际和国内一体化的潜力。对于试图在全球市场上竞争的发展中国家来说，代价可能尤其沉重。

物流绩效问题

毫无疑问，几乎在所有的地方一个有效的物流部门都被认为是发展的核心推动者之一。以前版本的《联结以竞争》强调了如何贯彻更好的政策来达到更优的物流性能。这些政策包括规范服务、提供交通基础设施、实施管制，特别是对国际货物的管制、提高公私合作伙伴关系的质量等。

自2007年首次LPI报告发表以来，政策重点一直在变化。最初，物流政策侧重于促进贸易和消除边界瓶颈。当前，国际物流与国内物流的联系日益紧密。政策制定者和利益相关者处理的政策范围广泛。人们日益关注的问题包括空间规划、培训技能和资源、供应链的环境、社会和经济可持续性，以及供应链对破坏或灾害（物理或数字）的弹性。

物流绩效差距持续存在

总体而言，自2007年版以来160多个国家的整体得分情况一直保持相似，这表

① 波士顿咨询集团2016。

明基础数据的稳健性。[①] 在2014年的版本中，低收入和中等收入国家的贸易支持基础设施有所改善，物流服务、海关及边境管理也有所改善，这是2007—2014年得分略有趋同的原因。这一解释对大多数国家的排名似乎基本有效。然而，2016年，贫富差距似乎扩大了，排名前十位的国家的平均LPI得分最高（4.13分），排名后十位的国家的平均得分最低（1.91分；见表0.1）。

表0.1 排名前十位和后十位国家的平均LPI评分（2007—2018年）

1=最低分；5=最高分

指 标	2007年	2010年	2012年	2014年	2016年	2018年
前十名国家平均LPI评分（分）	4.06	4.01	4.01	3.99	4.13	4.03
后十名国家平均LPI评分（分）	1.84	2.06	2.00	2.06	1.91	2.08

资料来源：2007年、2010年、2012年、2014年、2016年、2018年物流绩效指数。

2018年，得分最高和最低的国家之间的差距再次缩小。前十名国家的平均得分降至4.03分，而后十名国家的得分则为2.08分（见图0.1）。

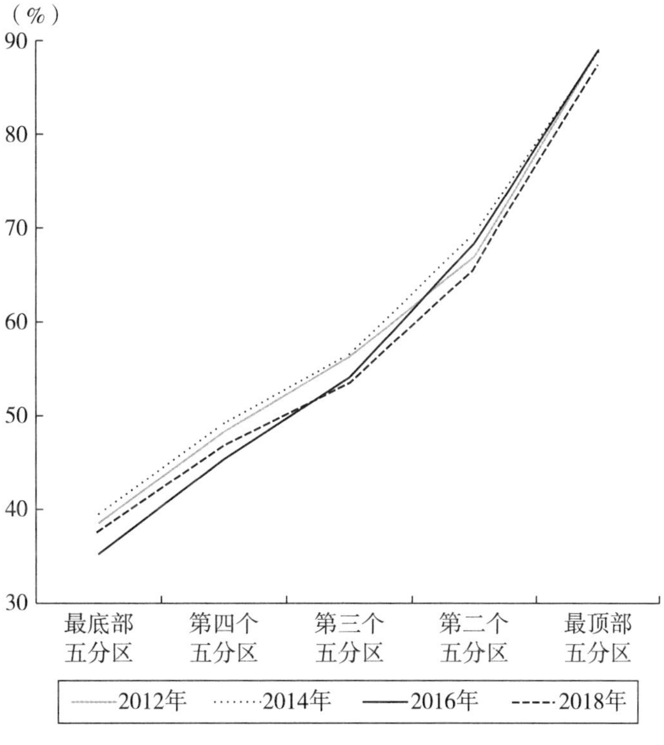

图0.1 2012年、2014年、2016年和2018年作为最高LPI分值百分比的LPI分值（根据LPI五分法）

资料来源：2012年、2014年、2016年、2018年物流绩效指数。

2018年，高收入国家占据了前10名[②]，其中8个在欧洲，另外2个是日本和新

① 本节使用2018年的单年结果，而不是汇总的2012—2018年物流绩效指数。

② 根据LPI得分进行的国家排名使用的是最近四次LPI调查中得分的加权总和值，权重最大的一次是2018年。这减少了干扰项和随机变化的不同版本的LPI调查，以提供一个更平衡的画面。

加坡，这些国家在供应链行业中一直处于传统主导地位。德国位居榜首，得分 4.20。其余的 9 个国家得分差距不大，瑞典以 4.05 分排在第二，芬兰以 3.97 分排在第十。

排在最后 10 位的国家大多是非洲偏远地区的低收入和中低收入国家。一些是受武装冲突、自然灾害和政治动荡影响的脆弱经济组织，还有一些内陆国家在与全球供应链的连接中自然也受到地理或规模经济的挑战。阿富汗以 1.95 分排在第 160 位，其次是安哥拉（2.05 分）、布隆迪（2.06 分）和尼日尔（2.07 分）。

在中低收入国家中，印度（第 44 位，3.18 分）和印度尼西亚（第 46 位，3.15 分）等大型经济体以及越南（第 39 位，3.27 分）和科特迪瓦（第 50 位，3.08 分）等新兴经济体表现突出。这些国家中大多数靠海，或者靠近主要的交通枢纽。

表现最好的中高收入经济体的构成略有变化，中国（第 26 位，3.61 分）、泰国（第 32 位，3.41 分）和南非（第 33 位，3.38 分）领先。罗马尼亚、克罗地亚和保加利亚也提高了排名。在低收入国家中，东非和西非国家在今年的排名中领先。

供应链的可靠性和服务质量与物流绩效密切相关

供应链可靠性是物流绩效的关键。在全球环境中，收货人需要对交付的时间和方式有高度的确定性。可靠性通常比速度重要得多，并且许多发货人愿意支付保险费。换言之，供应链的可预测性不仅是时间和成本的问题，也是运输质量的一个组成部分（见图 0.2）。

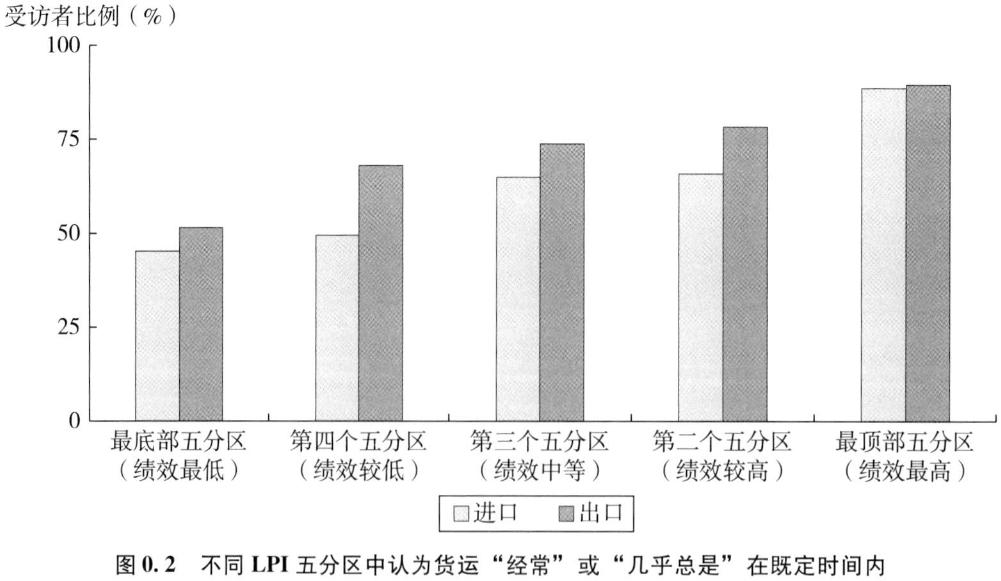

图 0.2 不同 LPI 五分区中认为货运“经常”或“几乎总是”在既定时间内得到清关和配送的受访者比例

资料来源：2018 年物流绩效指数。

处于 LPI 最顶部五分区的国家，只有 13% 的发货量达不到公司的质量标准，这个比例与 2014 年和 2016 年相同。相比之下，处于最底部两个五分区的国家，有 2～3 倍产品的发货量达不到质量标准，而且低分区国家的质量标准往往没有高分区国家那么严格。这一发现从供应链效率和可靠性的角度说明了物流差距的持续存在。

受访者被要求评估自2015年以来国内贸易和交通基础设施的改善程度，从评级中可以看出不同的进展速度。

与以往的调查一样，对基础设施质量的满意度因基础设施类型而异。然而第一次在最底部的五分区，这种感知的改善程度高于顶部，尽管这种差异在分布的中间部分有所减弱。

在所有的LPI五分区的调查中，受访者对信息通信技术（ICT）的基础设施都非常满意。基础结构的差距继续缩小，特别是在顶部和底部之间，改善速度似乎明显更快。中间五分位数的改善与先前观察到的情况一样。与ICT相比，铁路基础设施继续引起普遍不满。

如果按世界银行地区（不包括高收入国家）对基础设施的国内LPI数据进行分类，也会出现类似的模式。ICT在所有地区都被评为顶级或非常接近顶级。

提供优质服务是成功运营的关键，其重要性与日俱增

LPI表明，服务质量驱动了所有经济体的物流绩效。然而，发展先进的服务，如第三方或第四方物流，需要遵循一个复杂的政策议程，部分原因是这样的服务不能从头开始创建或纯粹在国内发展。在物流友好型国家，制造商和贸易商已经集中精力开展核心业务，将其大部分基本物流业务外包给第三方供应商，同时处理更复杂的供应链问题。这种切换是相互的：以合理的成本提供的先进服务越多，发货人就会越多地把物流外包出去。但是，提供的可靠和全面的服务越少，发货人就将更多地内部处理物流。

物流服务是在全球不同的运营环境下提供的。在多年来反复出现的模式中，物流公司提供的服务质量通常被认为比它们运营的相关基础设施质量更好。这在一定程度上可以用货运代理和物流公司对自己的服务进行评级来解释。

从LPI的模式中可以看出，即使在基础设施瓶颈时支持国际贸易的业务，如空运、海运和配套服务也会获得高分。另外，铁路在任何地方都有很低的得分。低收入国家在公路货运和仓储方面的得分也很低。

在相似的基础设施质量水平下，服务质量会有很大的差异。即使是高质量的硬件基础设施，也无法取代基于专业技能和流畅的业务和管理流程等软件基础设施的卓越运营。

供应链弹性与可持续性是新的关注点

国内外供应链的弹性已成为全球范围内一个日益受到关注的政策问题。弹性意为一个组织（或一个国家）从人类造成的或自然的严重破坏中恢复过来的能力。2018年的LPI调查包括了一个网络安全抵御能力问题。对网络威胁的感知程度与减轻其影响的准备程度是密切相关的（见图0.3）。发展中国家在这两方面都远远落后于高收入国家。

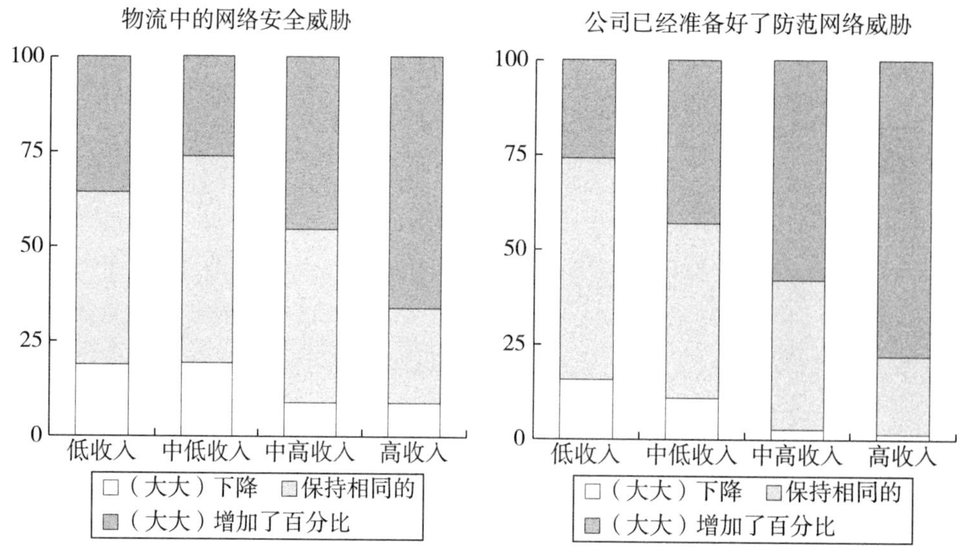

图 0.3　网络安全威胁和收入准备

资料来源：2018 年物流绩效指数。

2018 年 LPI 调查证实，对可持续供应链管理的需求与物流绩效密切相关，这在环境可持续发展的服务（绿色物流）方面尤其如此。在 LPI 最顶部五分区中，28%的受访者认为发货人经常或者总是要求有环保选择。在第二个五分区中，这一比例下降到 14%，并且在第三个五分区（9%）、第四个五分区（7%）和第五个五分区（5%）中稳步下降。

这一趋势与越来越多国家承诺减少与货运和物流有关的温室气体、颗粒物和其他有害物的排放相一致。在所有运输方式中都实施了监管改革，例如，2030 年和 2050 年更加具有挑战性的国际目标。

挑战实现的极限

在今天实施有效的政策来提高物流绩效与 2007 年一样具有挑战性，原因有以下两点。

第一，从传统基础设施和贸易便利化的角度来看，实施范围已经扩大。不仅是在发达国家可持续性和弹性受到更多的关注，如技能开发和培训，物流的空间维度，以及监管和法律框架的特殊性。除了这些新兴领域，在许多发展中国家仍面临的挑战是物流服务部门的监管改革。改善监管的目的是在构成物流活动核心的部门，如卡车运输、代理、码头或仓储业务的市场机制和私营部门参与的基础上，提高服务的质量。广泛和跨领域的物流议题挑战着政策制定者，他们需要了解何时实施哪些政策措施以及使用哪些资源。

第二，大多数改革涉及多个机构和许多利益相关者，如果合作机制不可持续，就会减缓执行速度，甚至出现反作用。这一问题在发展中国家的交通运输（如运输走廊）和贸易便利化（如单窗口贸易便利化）方面是众所周知的。

为了进行持续和广泛的改革和改进，各国必须应对这种复杂性。但是，与拥有现代化和创新物流部门的国家相比，中低层次的国家因协调机制和私营部门支持者较弱而受到阻碍。尽管物流服务绝大部分由私营部门提供，但公共部门的参与者和机构发挥着重要作用，没有这种作用，物流竞争力就不可能得到提高。

政府强有力的国家能够共同努力加快行政改革。在某些情况下，甚至在硬件基础设施项目完成之前，贸易和运输便利化方面的软件改革就已经实施，并产生了不容忽视的影响。软件改革比硬件基础设施改革提供了更高、更快的投资回报。在中低收入国家，如印度、老挝人民民主共和国、南部非洲国家和越南，以及在高收入国家，如阿曼，都可以找到这样的例子。遗憾的是，在 2016 年和 2018 年的 LPI 报告中，一些阿拉伯国家的治理能力以及经济和社会动荡可能会降低绩效。面临严重的治理挑战的低绩效国家（冲突缠身或冲突后的国家和脆弱国家）最需要得到邻国和国际的关注。

最后，带来深远变革的国家似乎是那些将物流视为经济不可或缺部分的国家。他们倾向于结合政策视角进行改革，如常规改革、贸易便利化以及贸易和投资规划。无缝的机构协作，尤其是强有力的公私合作对话是最大的特点。它们提供了非常积极的例子来促进物流机构协调，其中一些是公私合作机构，如最著名的荷兰数据库。

物流绩效指标的影响

自 2007 年发布以来，提供 LPI 评级的《联结以竞争》报告已将贸易物流牢牢地纳入了政策议程，即便是对那些没有预先考虑过物流的国家也是如此。多边组织或其聘请的顾问编写的许多政策报告和文件也使用了 LPI 数据。这些发现为物流行业和用户提供了一个全球通用的基准。

LPI 数据得到了学术界的广泛认可，在研究报告、期刊文章和教科书中的广泛使用就是明证。这些结果也被用于教学中，数以千计的各级论文都引用了 LPI。

使用 LPI 数据需要谨慎，因为它们是一个基于网络的调查，汇总了全球物流和货物转运界的观点。为了避免得出过于简单的结论，《联结以竞争》的第 1 节详细说明了如何将 LPI 数据用于不同的目的。

物流绩效在很大程度上取决于可靠的供应链和为贸易商提供可预测的服务。全球供应链正变得越来越复杂。由于安全、社会、环境和其他原因，对贸易商和经营者的监管要求越来越严格。私营和公共部门有效的管理和信息技术解决方案都是提供高质量物流的工具。在当今全球商业环境下，国家竞争力取决于物流管理的能力。

现在比以往任何时候都更需要政策制定者和私营利益相关者的全面改革和长期承诺。目前的 LPI 数据提供了一个独特的和更新的参考，以便更好地理解全球范围内的贸易物流障碍，并为政策制定和商业决策提供信息。

第一部分

2018年物流绩效指数

这是两年一次的物流绩效指数（LPI）报告《联结以竞争》的第六版。就像2007年首次LPI的报告中所说的那样，全球物流通常被称为“实物互联网”。物流是一个服务网络，支持货物的实际流动、跨境贸易和边界贸易。物流包括运输以外的一系列活动，包括仓储、货运代理、快递和终端等关键基础设施服务。日益多元化的服务物流供应商组成的相互竞争的国际网络为贸易、商业和制造业提供了更加多样化的解决方案。事实上，这些全球网络每年产生的营业额超过4.3万亿美元。[①]

今天，物流在全球经济中的作用比十年前有了更好的认知。良好的物流服务降低了贸易成本。物流绩效是指供应链如何有效地将企业与国内和国际的机会联系起来。LPI试图描述一个国家在物流上的流畅性，或者与全球物流的实物互联的连接程度。它包括的几个方面将在本报告中详细介绍。

物流是企业对企业（B2B）：其活动主要在私营公司之间进行。因此，LPI直接依赖于全球物流专业人士的知识（见表框1.1）。2007年首次LPI报告的主要信息表明每个经济体的物流绩效取决于公共部门的干预措施和政策，今天依然如此。公共部门以监管、运输基础设施、实施管制，特别是对国际货物的管制（如贸易便利化）、公私合作伙伴关系和对话的质量为重。之前的竞争报告也强调过，更好的政策会带来更好的物流绩效。

表框1.1 国际物流绩效指数的六个组成部分

世界银行物流绩效指数（LPI）从六个构成要素对各个国家进行分析：

- 海关与边境管理清关的效率。
- 贸易与运输基础设施的质量。
- 安排具有竞争性价格货运的便利性。
- 物流服务的竞争力与质量。
- 追踪与追溯货物运输的能力。
- 货物运输在既定或预期交付时间内的到货率。

这六个构成要素是在理论和实证研究的基础上，结合从事国际货运代理业务的物流专业人士的实际经验得出的。下图将六个LPI指标划分为两个主要类别：

- 政策监管领域，指出供应链的主要投入，例如海关、基础设施和服务。
- 供应链绩效结果，相当于时间、成本和可靠性的LPI指标，可靠性又指及时性、国际货运以及跟踪和追踪。

LPI使用标准的统计技术将数据汇总到单个指标中（关于LPI如何计算的详细描述见附录5）[a]。这个单一指标可以用来比较国家、地区和收入群体。

由于当地的运营商可以最好地评估物流绩效的重要部分，LPI依赖于对负责全球货物运输的公司（跨国货运代理和主要快递公司）的物流专业人士进行的在线调

---

① 波士顿咨询集团2016。

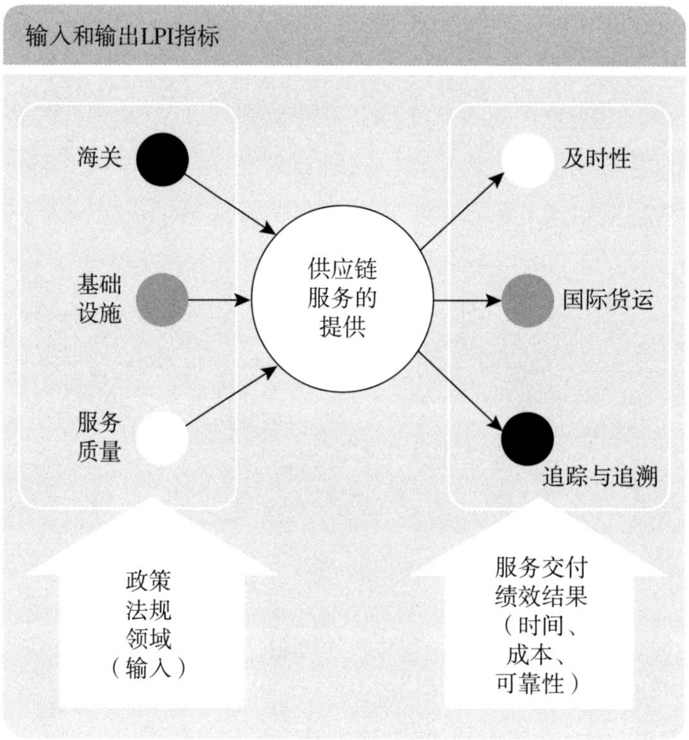

查。跨国货运代理和快递公司最适合用来评估各国的表现。他们的观点很重要因为他们直接影响到航运路线和途径的选择，从而影响企业确定生产地点、选择供应商和确定目标市场。因此，他们的参与对于 LPI 的质量和信誉至关重要。

参见 2018 年 LPI 调查问卷（www. worldbank. org/lpi）。

注释：a 在所有六个版本的 LPI 报告（2007 年、2010 年、2012 年、2014 年、2016 年和 2018 年）中，数据统计汇总产生了一个综合指标，该指标接近各个国家六个 LPI 构成要素的简单平均值。

自 LPI 推出以来，低绩效国家和高绩效国家之间的差距一直存在，主要集中在欧洲和东亚，这些国家的物流已经发展成为一个重要的服务部门。与 2007 年相比，与物流相关的政策在提高绩效方面的重要性在今天得到了更多的认可，而且政策重点也在不断变化。最初，物流政策侧重于贸易便利化和消除边界瓶颈。如今，国际物流问题难以与国内物流业相分离。政策制定者和利益相关者处理的政策范围越来越广，更多地考虑到安全性和可持续性。新出现的政策关注包括空间规划、绿色供应链，以及加强供应链对破坏或灾害（实物或数字）的适应能力（见第 3 节）。并且技能和培训资源最近受到了更多的关注。

物流绩效的增长范围及其对经济增长和一体化的贡献越来越大，需要全盘政策。越来越多的国家，特别是新兴经济体，把物流视为一个经济部门，需要一贯的政策来削减传统的物流领域。以前的 LPI 报告中提到许多国家已经确立了国家战略或建立了专门推进物流的组织，如加拿大、中国、法国、印度尼西亚、摩洛哥、荷兰和泰国。在 2018 年版中，也包括了阿曼（见第 3 节第 3. 3 栏）和印度，他们在 2017 年时在国内事务部建立了一个专门的物流机构。

关于如何使用和描述 LPI

自 2007 年以来，LPI 的研究成果已成为众多贸易物流研究和政策文件的标准参考资料。LPI 已被一些国家作为其国家运输或物流战略中的一项关键绩效指标。欧盟、东南亚国家联盟（简称：东盟）、亚太经合组织和其他组织也将其作为运输或物流关键绩效指标的一个子集。（详见第 3 节表框 3.1）。因此，如何更好地使用 LPI 指标及避免可能的误解是非常有必要的（见表框 1.2）。

表框 1.2　LPI 的分数和排名有多精确？

虽然 LPI 及其组成部分目前提供了关于国家物流和贸易便利化环境的最全面和最具可比性的数据，但由于调查对象的经验有限，而且内陆国家和小岛屿国家的 LPI 和其组成部分的有效范围有限，他们的物流依赖于其他国家的物流。

为了解释基于 LPI 的调查数据集所产生的抽样误差，LPI 的评分以大约 80% 的置信区间表示（见附录 5）。这些间隔产生了一个国家的 LPI 分数和排名的上限和下限。通过增加一个国家的 LPI 评分到其上限，同时保持所有其他国家分数不变，然后重新计算 LPI 等级来计算 LPI 等级的上限。下限采用类似的过程。

由于 LPI 的有效范围有限，而且需要使用置信区间来计算采样误差，一个国家的确切排名可能对决策者来说没有那么重要，因为它与更广泛的绩效组中的其他国家比较接近，或者它在统计上有显著的改善。然而，对排名变化分布的仔细研究表明，它们在所有六个版本的指数中的表现都是相似的。

为了更全面、更均衡地反映各国的绩效，本报告公布了 2018 年的最新结果以及四项最新调查（2012—2018 年）可增强 2018 年版中对 167 个国家总体评分的比较效果。在最近四次 LPI 调查的综合数据中，有 41 个国家的评分是表现最佳的国家的 70% 或更多。在这些成绩中，每一名次的平均差距为 0.023 分。在接下来的 61 个国家中，评分是评分最高国家的 50% ~69%，排名第 42 至第 102，平均评分差距为 0.016 分。这意味着，绩效水平相近的国家的等级可能相差很大，特别是在中等水平。

第一，LPI 数据是通过对物流专业人士进行的一次全球调查收集的，调查内容是他们在与八个预先选定的国家打交道时，在六个通用方面如何容易或困难地体验贸易物流（见表框 1.1 和附录 5 中的 LPI 方法）。作为一项调查，LPI 受到采样误差、被调查者的不同意见以及从一个 LPI 报告到下一个 LPI 报告被调查者基数变化的影响。每个国家收到的评价数量也可能有很大差异。

所以，在作出更深刻地判断之前，查看各国 LPI 得分的置信区间（CI）十分重要。CI 值越小，可信度越高。中国、德国、英国和美国等大型贸易商的 CI 通常在 0.05 或以下，大约是其评分的 1% 或更低。相比之下，一些较小交易者的 CIs 评分往往接近 0.5 分，这可能超过他们评分的 15%。只有在连续两年的 CIs 评分不重叠的情况下，变化才具有统计学意义。

第二，整体的 LPI 评分比 LPI 排名更能说明问题，因为分数更准确，而且随着时间的推移提供了更好的比较基础。特别是对于排名在中间区间的国家，即使排名位置相差很远，评分也可能相差不大：例如埃及排名第 60，孟加拉国排名第 100，都在 0.36 分以内，每个国家的平均差距只有 0.0088 分。因此，一个国家从一个 LPI 报告到下一个 LPI 报告的排名波动可能比其分数的实际变化要大得多。

由于这个原因，2018 年 LPI 使用加权平均 LPI 分数作为主要指标，消除了从一个 LPI 到另一个 LPI 分数的振荡。2014 年和 2016 年的 LPI 报告中的附录 4 也提供了最近四项 LPI 指标的加权平均值。使用总价值并随着时间的推移跟踪其发展情况，比仅仅依靠单年度数据更能全面反映出一个国家的物流绩效。例如对于萨尔瓦多来说，使用总价值，评分（0.18 分）和排名变化（20 个排名位置）的最大区间大约是他们与单年度评分和排名（0.38 评分和 37 个排名位置）的一半，涵盖了 2014 年、2016 年和 2018 年。

第三，国际 LPI 贸易方向对被评估国家很重要。此外，所涵盖的贸易产品可以被标记为“一般商品”，因此这些反应提供了较少对需要特殊护理的商品的信息，如药品、食品和被标记为危险的商品。此外，受访者是货运代理、快递公司和物流供应商（通过公路、铁路、航运和航空运输）。

因此，以统一形式运输的制成品构成了贸易的核心，其中货运代理通常被当作中间人。大量散装的原材料和能源产品（如矿石、谷物、石油和天然气）的贸易没有很完整地包括在 LPI 之内。这类大宗贸易要么使用直接的行业买卖渠道，要么使用其他类型的中间商，如商品贸易商或航运代理人。

第四，特别是在贫穷国家，传统运营商在贸易安排中往往比国际货运代理发挥着更大的作用。传统和国际运营商在与政府机构的互动以及服务水平方面可能有所不同。在发展中国家，国际网络往往服务于大公司，这些公司在时间、成本和其他方面可能与传统贸易网络有明显不同的服务水平标准。

第五，对于大多数内陆国家和小岛屿国家而言，LPI 可能反映了在国外评估的访问问题，例如过境困难。内陆国家的评级可能无法充分评估其为贸易便利化改革所作的努力，因为它们的成功取决于通过邻国的国际运输路线。

综上所述，从一个 LPI 报告到下一个 LPI 报告中的各个国家数据，最好不要把排名位置作为唯一的指标，应该考虑与分数相结合，同时也要考虑 CI 的规模。使用基于四个最新 LPI 评级的加权综合评分和排名数据也是一个好方法，因为它们提供了一个更加全面的情况。此外，一个国家运营或监管环境的改善很少会立即影响到全球货运和物流专业人士对该国的看法。然而，一些消极的事态发展，例如毁灭性的自然灾害或严重且大面积扩散的武装冲突地爆发，可能比任何积极的变化更快地影响一个国家的评级。换言之，积极的变化往往需要更多的时间，而一些（极端）消极的变化可能会产生更突然地影响。

LPI 有效地激发了不少国家对改革的兴趣，并为改革提供了依据。LPI 最适合用来概括一个国家在物流方面的状况，它可以作为对一个国家物流绩效进行更全面评估的切入点。这包括评估不同的运输模式（道路、铁路、航空、海运和内河运输）、内部物流、停留时间研究，以及对物流行业的专业技能和培训的评估等。

2018 年调查的特点

2018 年 LPI 调查采用了与前五版《联结以竞争》相同的方法：一份由国际和国内两部分组成的标准化问卷。在国际调查问卷中，被调查者对多达八个主要海外合作伙伴国家的六个物流绩效指标进行了评估（见表 1.1）。在国内问卷调查中，被调查者被要求为他们工作的国家的物流环境提供定性和定量的数据。

2018 年，物流专业人员对近 6000 个国家进行了评估。本版本涵盖了 160 个国家的国际 LPI 和 100 个国家的国内 LPI。本报告对物流领域的网络安全威胁以及承运商使用电子贸易平台的问题提供了新的见解。

考虑到 LPI 涵盖了广泛的影响物流绩效的因素，其结果显示出了明显的优势，特别是对发展中国家而言，在改善物流的广泛领域中取得进展。有证据表明，物流绩效的改善促进了各国在全球贸易中的一体化（见表框 1.3）。

表框 1.3　物流绩效促进了贸易一体化，但究竟促进了多少？

LPI 已经被使用好几年了，这使得使用超过一年的数据来预估贸易模型成为可能。该方法控制了不同国家在不同时间的不可观察和可观察因素，并隔离了物流绩效的影响。

谢泼德采用了这样一种方法（即将发表），它使用了 63 个进出口国的数据，这些数据合计占世界 GDP 的 93%，在世界贸易中所占的比例也差不多。回归结果显示，在考虑相对价格影响之前，一个国家的 LPI 评分每提高 1 分，贸易就会增加 16%。

然后，他用同样的模型构想了一个追赶情景，即所有国家都将自己与领先国家之间的物流差距缩小 20%，但所有其他因素都保持不变。世界实际 GDP（经济福利指标）将增长 0.1%。贸易影响将会增大一个数量级。相对而言，最大的福利收益通常在发展中国家，如柬埔寨（0.7%）、哥斯达黎加（0.4%）和突尼斯（0.4%）。但所有这些福利影响数字都是较低的，因为它们没有考虑到生产中各部门之间的联系，众所周知，这些联系产生的收益要高得多。

资料来源：谢泼德即将发表的成果。

2018 年国际物流绩效指数的主要发现

在过去几年中，高收入国家在 LPI 排名中占据了前十位（见表 1.1），其中大部分是欧洲国家。这不足为奇，因为这些国家一直以来都是供应链行业的主导者。

十五个表现最佳的国家也没有显著变化。但值得强调的是，自 2012 年以来，日本、丹麦、阿联酋和新西兰的 LPI 评分大幅提高。

表 1.1　　2018 年 LPI 排名前十位的最佳绩效者

经济体	2018 年		2016 年		2014 年		2012 年	
	排名	评分	排名	评分	排名	评分	排名	评分
德国	1	4.20	1	4.23	1	4.12	4	4.03
瑞典	2	4.05	3	4.20	6	3.96	13	3.85
比利时	3	4.04	6	4.11	3	4.04	7	3.98
奥地利	4	4.03	7	4.10	22	3.65	11	3.89
日本	5	4.03	12	3.97	10	3.91	8	3.93
荷兰	6	4.02	4	4.19	2	4.05	5	4.02
新加坡	7	4.00	5	4.14	5	4.00	1	4.13
丹麦	8	3.99	17	3.82	17	3.78	6	4.02
英国	9	3.99	8	4.07	4	4.01	10	3.90
芬兰	10	3.97	15	3.92	24	3.62	3	4.05

资料来源：2012 年、2014 年、2016 年和 2018 年物流绩效指数。

排名后十位的国家大多是非洲或偏远地区的低收入和中低收入国家（见表 1.2）。这些国家要么是受武装冲突、自然灾害和政治动乱影响的脆弱经济体，要么是与全球供应链联结中受规模经济或地理位置限制的内陆国家。

表 1.2　　2018 年 LPI 排名后十位的最差绩效者

经济体	2018 年		2016 年		2014 年		2012 年	
	排名	评分	排名	评分	排名	评分	排名	评分
阿富汗	160	1.95	150	2.14	158	2.07	135	2.30
安哥拉	159	2.05	139	2.24	112	2.54	138	2.28
布隆迪	158	2.06	107	2.51	107	2.57	155	1.61
尼日尔	157	2.07	100	2.56	130	2.39	87	2.69
塞拉利昂	156	2.08	155	2.03	—	—	150	2.08
厄立特里亚	155	2.09	144	2.17	156	2.08	147	2.11
利比亚	154	2.11	137	2.26	118	2.50	137	2.28
海地	153	2.11	159	1.72	144	2.27	153	2.03
津巴布韦	152	2.12	151	2.08	137	2.34	103	2.55
中非共和国	151	2.15	—	—	134	2.36	98	2.57

资料来源：2012 年、2014 年、2016 年和 2018 年物流绩效指数。

在表现最好的中等偏高收入经济体中，总的群体构成略有变化，中国、泰国和南非领先，克罗地亚和保加利亚的 LPI 排名有所提高（见表 1.3）。

表 1.3　　2018 年绩效最佳的中等偏高收入绩效者

经济体	2018 年		2016 年		2014 年		2012 年	
	排名	评分	排名	评分	排名	评分	排名	评分
中国	26	3.61	27	3.66	28	3.53	26	3.52
泰国	32	3.41	45	3.26	35	3.43	38	3.18
南非	33	3.38	20	3.78	34	3.43	23	3.67
巴拿马	38	3.28	40	3.34	45	3.19	61	2.93
马来西亚	41	3.22	32	3.43	25	3.59	29	3.49
土耳其	47	3.15	34	3.42	30	3.50	27	3.51
罗马尼亚	48	3.12	60	2.99	40	3.26	54	3.00
克罗地亚	49	3.10	51	3.16	55	3.05	42	3.16
墨西哥	51	3.05	54	3.11	50	3.13	47	3.06
保加利亚	52	3.03	72	2.81	47	3.16	36	3.21

资料来源：2012 年、2014 年、2016 年和 2018 年物流绩效指数。

在中低收入国家中，印度、印度尼西亚等大型经济体，以及越南等新兴经济体表现突出。大多数国家要么有出海通道，要么靠近主要的交通枢纽（见表 1.4）。

表 1.4　　2018 年排名前十位的中低收入绩效者

经济体	2018 年		2016 年		2014 年		2012 年	
	排名	评分	排名	评分	排名	评分	排名	评分
越南	39	3.27	64	2.98	48	3.15	53	3.00
印度	44	3.18	35	3.42	54	3.08	46	3.08
印度尼西亚	46	3.15	63	2.98	53	3.08	59	2.94
科特迪瓦	50	3.08	95	2.60	79	2.76	83	2.73
菲律宾	60	2.90	71	2.86	57	3.00	52	3.02
乌克兰	66	2.83	80	2.74	61	2.98	66	2.85
埃及	67	2.82	49	3.18	62	2.97	57	2.98
肯尼亚	68	2.81	42	3.33	74	2.81	122	2.43
老挝人民民主共和国	82	2.70	152	2.07	131	2.39	109	2.50
约旦	84	2.69	67	2.96	68	2.87	102	2.56

资料来源：2012 年、2014 年、2016 年和 2018 年物流绩效指数。

在低收入国家中，东非和西非国家在 2018 年报告中占主导地位（见表 1.5）。

表 1.5　　2018 年排名前十位的低收入绩效者

经济体	2018 年		2016 年		2014 年		2012 年	
	排名	评分	排名	评分	排名	评分	排名	评分
卢旺达	57	2.97	62	2.99	80	2.76	139	2.27
贝宁	76	2.75	115	2.43	109	2.56	67	2.85
布吉纳法索	91	2.62	81	2.73	98	2.64	134	2.32
马里	96	2.59	109	2.50	119	2.50	—	—
马拉维	97	2.59	—	—	73	2.81	73	2.81
乌干达	102	2.58	58	3.04	—	—	—	—
科摩罗	107	2.56	98	2.58	128	2.40	146	2.14
尼泊尔	114	2.51	124	2.38	105	2.59	151	2.04
多哥	118	2.45	92	2.62	139	2.32	97	2.58
刚果民主共和国	120	2.43	127	2.38	159	1.88	143	2.21

资料来源：2012 年、2014 年、2016 年和 2018 年物流绩效指数。

图 1.1 显示了 2018 年 LPI 评分的累积性分布。垂直线代表 LPI 五分区的分界线：五个组包含相同数量的 LPI 评分国家。最底部五分区的 LPI 评分最低，而最顶部五分区的 LPI 评分最高。与之前版本的 LPI 报告一样，第三个和第四个五分区的评分范围相接近，这意味着该五分区国家的 LPI 评分相互比较接近，某个国家（即同一五分区的其他国家）绩效的任何变化都会导致相对于其他五分区的国家的排名发生较大的变化（见表框 1.2）。

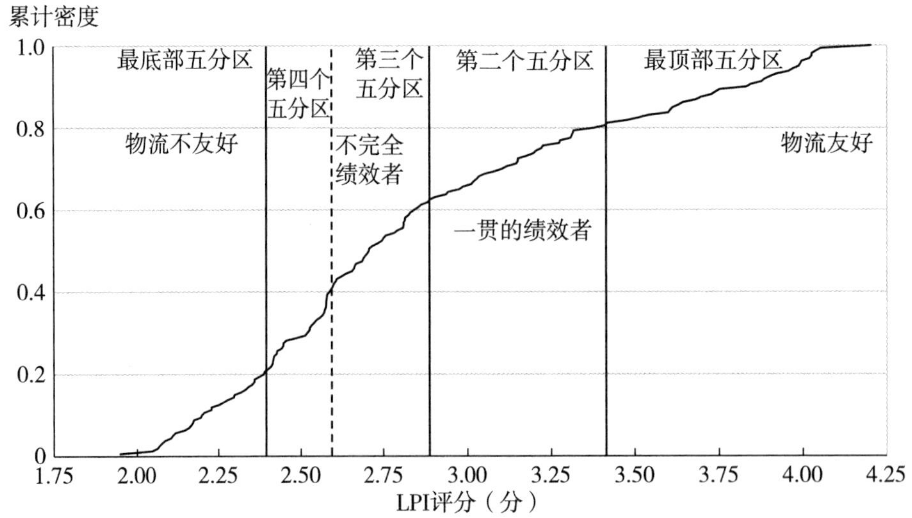

图 1.1　2018 年 LPI 分值的累积分布

资料来源：2018 年物流绩效指数。

和之前版本的 LPI 报告一样，LPI 评分可分为四类（所有版本的 LPI 报告中均采用这一分类法），如下所示。

• 物流不友好——包括存在严重物流限制的国家，如最不发达国家（LPI 最底部的五分区）；

• 不完全绩效者——包括存在一定物流限制的国家，最常见于中低收入国家（LPI 的第三个和第四个五分区）；

• 一贯的绩效者——包括在其收入组中物流绩效评分较高的国家（LPI 的第二个五分区）；

• 物流友好——包括高绩效国家、大多数为高收入国家（LPI 最顶部的五分区）。

物流绩效与服务质量密切相关

在之前版本出现的诸多趋势再次显现。构成要素和五分区之间仍然存在显著差异（见图 1.2）。及时性要素似乎要比其余几个要素更显著，并且通常被物流专业人士看作问题最少的核心要素。另外，在所有五分区中，海关和边境机构以及贸易和运输基础设施绩效最低，在绩效最差国家尤为如此，这些国家的物流服务质量也比较低。

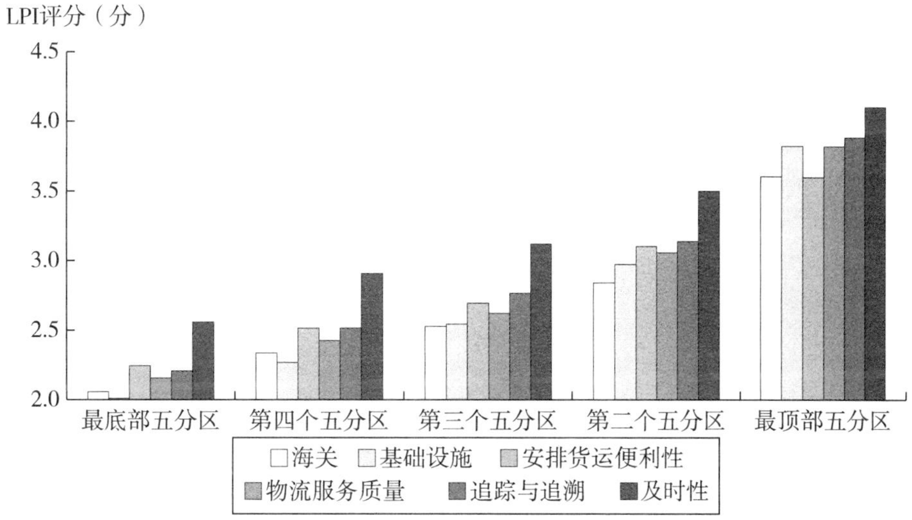

图 1.2　2018 年 LPI 五分区的 LPI 构成要素分值

资料来源：2018 年物流绩效指数。

此外，表 1.6 显示了国际 LPI 的六个构成中哪些高于或低于整体指标。正值表示构成要素评分高于该绩效类别整体国际 LPI 评分，反之则用负值表示。有几个特点格外引人注目。与 LPI 的其他构成要素相比，海关和边境机构绩效仍然较差。与以往的报告一样，除前五名外，贸易和运输基础设施质量评分和物流服务质量评分均低于整体 LPI 评分。在三个最低的五分区中，跟踪与追溯要素绩效也低于总分，与以往报告一致。

表 1.6　不同 LPI 分区每项构成要素 LPI 评分与整体 LPI 评分差值

LPI 五分区	海关	基础设施	安排货运便利性	物流服务质量	追踪与追溯	及时性
最底部五分区	-0.16	-0.19	0.04	-0.05	-0.02	0.34
第四个五分区	-0.14	-0.19	0.01	-0.09	-0.01	0.39
第三个五分区	-0.20	-0.19	0.02	-0.07	-0.01	0.42
第二个五分区	-0.24	-0.12	-0.01	-0.07	0.02	0.40
最顶部五分区	-0.18	0.02	-0.19	0.00	0.07	0.31

注：所有数值均根据 2012—2018 年 LPI 及其构成要素加权平均评分计算得出。
资料来源：2018 年物流绩效指数。

在过去的报告中，国家平均 LPI 评分整体均有所提高。但在 2018 年，低收入国家在基础设施、海关绩效和物流服务质量方面的 LPI 评分有所下降，因为中低收入国家在这三个 LPI 组成部分上的评分有所提高（见图 1.3）[①]。从上一个 LPI 报告（见表 1.7）开始，还可以跟踪物流环境的进展。与以往的报告相反，受访者报告称，在 ICT（信息通信技术）基础设施和私营物流服务方面，排名在底部两个五分区的评分有所提高，这可能是由于过去十年中 ICT 的框架结构有所改善。对低收入国家而言，简化边境通关程序、确保获得实物贸易和运输基础设施将依然是优先考虑的问题。

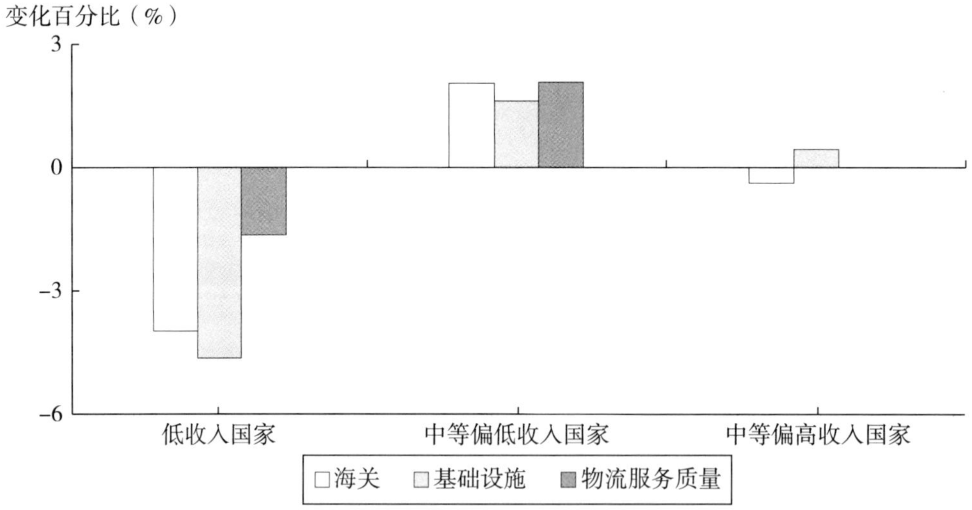

图 1.3　2016—2018 年收入组 LPI 评分变化情况

资料来源：2016 年和 2018 年物流绩效指数。

表 1.7　LPI 五分区中认为自 2015 年以来物流环境有所改善或大幅改善的受访者百分比（%）

构成要素	最底部五分区	第四个五分区	第三个五分区	第二个五分区	最顶部五分区
海关	61	63	44	68	62
其他边境手续	69	43	36	60	49
贸易与运输基础设施	65	40	45	66	53
ICT 基础设施	54	69	62	69	67

① 2018 年，来自低收入国家的调查对象数量低于 2016 年（但接近 2014 年）。这可能在 2018 年的数据中产生了更多的干扰，所以这些发现应该谨慎对待。

续　表

构成要素	最底部五分区	第四个五分区	第三个五分区	第二个五分区	最顶部五分区
私营物流服务	55	82	61	69	65
物流监管	57	39	36	53	31
腐败发生率	39	34	45	56	35

资料来源：2018 年物流绩效指数。

物流绩效不仅仅是收入

高收入和低收入国家之间 LPI 评分仍存在非常明显的差距（见图 1.4）。平均而言，高收入国家的 LPI 评分要比低收入国家高 48%。在绩效排名前 30 位的国家中，有 24 个为经济合作与发展组织（OECD）成员国，这一比例自 LPI 报告发布以来没有多大变化。即便如此，中国、印度、卢旺达、泰国和越南等国能超出他们的收入组别（见图 1.4），这也解释了为什么仅凭收入无法解释某一收入组别中物流绩效存在较大差异。此外，大部分资源丰富的国家，例如安哥拉、加蓬、赤道几内亚、伊拉克和土库曼斯坦的得分低于其他同收入的国家。

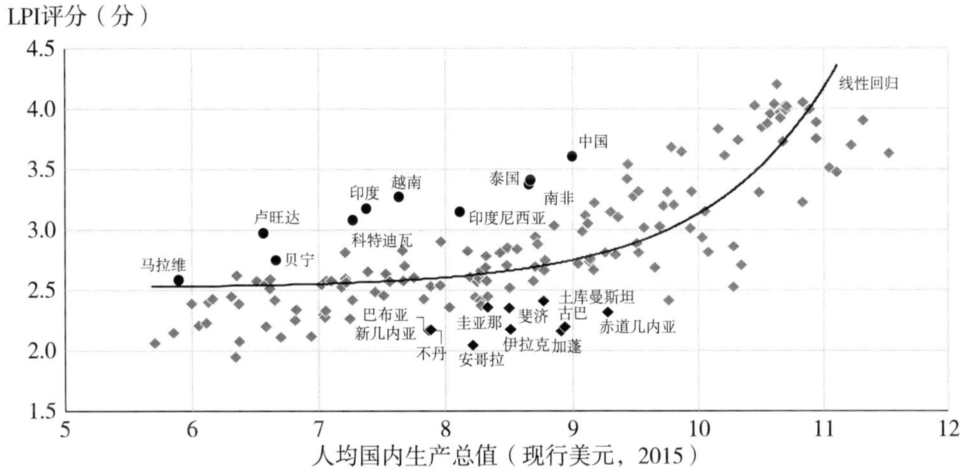

图 1.4　LPI 报告中绩效优异国家和绩效不佳国家

注：拟合值基于普通最小二乘回归，采用适用所有国家的数据。绩效不佳国家（黑色菱形表示）为 10 个具有最小残差的非高收入国家。绩效优异国家（黑色圆形表示）为 10 个具有最大残差的非高收入国家。

资料来源：2018 年物流绩效指数。

过去四版报告的变化趋势

LPI 平均相对评分绩效（以占评分最高国家的百分比表示）之间的差距与《联结以竞争》以往版本中展示的差距十分相似。与过去三版 LPI 报告相比，三个最低的五分区的 LPI 平均相对评分提高了（见图 1.5）。2018 年，相对绩效最低的国家是阿富汗，其评分为绩效最高国家德国的29.6%。2016年，相对绩效最低的国家是阿拉伯叙利亚共和国，其评分为绩效最高国家德国的为19%。2014年，相对绩效最低的国家是索马里，其评分为绩效最高国家德国的25%。

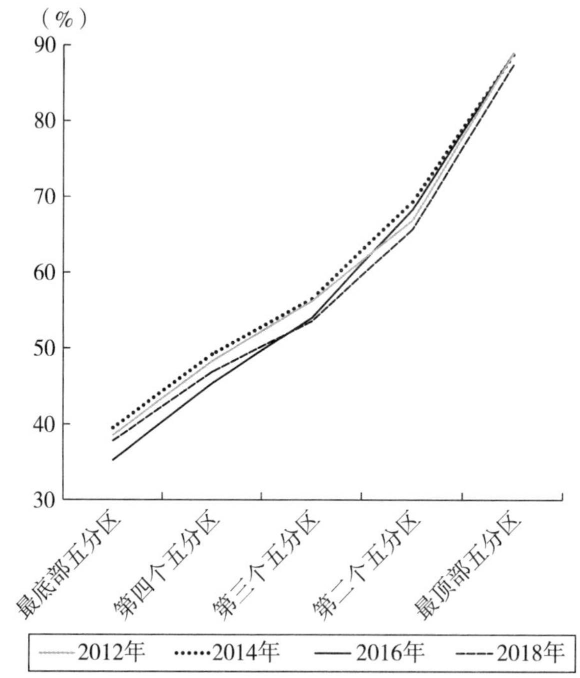

图1.5　按占评分最高国家的百分比表示的LPI评分（2012—2018年）

资料来源：2012年、2014年、2016年、2018年物流绩效指数。

2016年和2018年的LPI评分之间的相关性略强于以往的报告，评分相关系数为0.93分，排名相关系数为0.90分（相比之下，2012年和2014年之间的相关系数为0.91分，排名相关系数为0.86分）。由于数据是以调查问卷为基础的，因此很容易存在采样误差。只有2016年和2018年LPI评分置信区间不重叠时，统计数据才会存在显著变化。

2012—2018年国际LPI加权评分及排名

与过去两份报告一样，最近四次LPI调查的六项构成要素评分可以更全面更好地反映出国家绩效。这种方法可以减少不同LPI调查中的干扰和随机误差，从而加强167个国家的比较效果。在2018年的报告中，每项构成要素四个年份的评分按下列权重进行计算：2012年为6.7%，2014年为13.3%，2016年为26.7%，2018年为53.3%（最新数据的权重更高）。该方法与2014年和2016年报告中所用的方法相同，使用了前四版LPI报告的数据。

因为个别国家的LPI评分存在变化，其排名也会大幅波动，尽管这种变动不存在统计学显著性，但利用这些权重值的时机也很重要。2014年至2016年，有多个国家的 LPI 评分出现了这种情况，尤其是那些 LPI 评分置信区间较宽的国家，这表明受访者之间存在分歧。这种情况通常出现在较小的国家因为观察次数较少，这种影响往往会被放大。中国、德国、英国、美国等大型贸易国家在 2018 年的置信区间为 0.05 或以下，约为 LPI 相应评分的 1% 或更低。相比而言，置信区间为 0.44 的也门、0.42 的冰岛、0.41 的尼日尔和 0.39 的马耳他的置信区间超过其 LPI 评分的 13%。

2012—2018 年汇总的 LPI 评分中，德国排名最高，为 4.19（2010—2016 年汇总的 LPI 评分为 4.17，2007—2014 年为 4.10），其次为荷兰的 4.07（2010—2016 年为 4.12，2007—2014 年为 4.05），瑞典的 4.07（2010—2016 年为 4.08，2007—2014 年为 3.95），比利时的 4.05（2010—2016 年为 4.06，2007—2014 年为 4.0）和新加坡的 4.05（2010—2016 年为 4.10，2007—2014 年为 4.06）。德国和荷兰继续占据前三名，而新加坡则从第三名跌至第五名。在 28 个欧盟成员国中，有 15 个进入前 30 名，经济合作与发展组织 34 个成员中，有 24 个进入前 30 名。排名前 30 的非经合组织经济体包括新加坡（第 5 位）、中国香港（第 9 位）、阿联酋（第 14 位）、中国台湾（排名第 24 位）、中国（第 27 位）、南非（第 29 位）和卡塔尔（第 30 位）。在前 30 位中，中国和南非为中等偏高收入国家，其余均为高收入经济体。

与 2010—2016 年一样，所有 OECD 成员国均处于前三个五分区内。在 2007—2014 年汇总 LPI 中，前三个五分区囊括了所有的欧盟成员国。但保加利亚跌出了前三个五分区，在 2012—2018 年（汇总的 LPI 评分为 3.0 分，第 57 名）和 2010—2016 年（汇总的 LPI 评分为 2.96 分，第 62 名）。相比之下，罗马尼亚从 2010—2016 年汇总的 LPI 评分的 3.05 分（排名第 56 位）升至 2012—2018 年的 3.09 分（排名第 50 位）。

在 2012—2018 年汇总的国际 LPI 评分中，索马里以 2.00 分再次垫底（2010—2016 年和 2007—2014 年分别为 1.67 分和 1.62 分），排名第 167 位。尽管自 2007 年以来 LPI 出现了一些趋同，但高收入国家和低收入国家之间的物流差距依然存在。与前几版 LPI 调查报告一样，2018 年绩效最差的国家仍为最不发达国家或小岛屿国家，其中一些国家充斥着冲突。海地排名倒数第二，汇总的国际 LPI 评分为 2.02 分（2010—2016 年为 1.96 分，2007—2014 年为 2.24 分）。其他汇总的国际 LPI 评分最低的国家包括阿富汗，评分为 2.04 分（2010—2016 年为 2.15 分，2007—2014 年为 2.10 分），塞拉利昂评分为 2.06 分（2010—2016 年为 2.04 分，2007—2014 年为 2.06 分），阿拉伯叙利亚共和国评分为 2.10 分（2010—2016 年为 1.94 分，2007—2014 年为 2.31 分）。从广义上讲，绩效的趋同性（大致从第 40 名到第 120 名）意味着这一区间将充满评分仅相差零点几分的国家。因此，即使基础得分仅有微小变化，处于这一中间地带国家的排名也会发生较大变化。

2016—2018 年各国 LPI 评分的变化

LPI 评分的变化反映了私营部门对物流绩效的负面或正面看法。因此，LPI 评分并不纯粹是衡量当前表现的指标，它包含了预期、趋势和可感知的改进速度。这可能会造成从一次调查到下一次调查产生反弹效应。例如，在一次调查中，拥有较大积极变化的国家可能在下一次会向下调整，因为在前一次调查中，人们认为积极变化的发生速度比预期的要慢。

LPI 评分主要取决于行业对相对绩效的看法。即使是一个正在进行改进的国家，其得分也会受到其他国家的改进效果或速度的影响。有计划地改善一个国家的物流环境会暂时降低一个国家的 LPI 评分。例如，即使从一个老港口到一个新港口的搬迁得到了有效的管理，物流行业在调整过程中很可能会遭遇供应链的中断。

LPI 评估也可能受到受访者自身经验和他们处理的货物类型的影响。石油、天然气、采矿或工业项目的物流在全球范围内可能比通过传统的物流和分销渠道出口供当地消费的商品更顺畅且种类更一致。对于拥有庞大国内市场和相关国内物流系统的大国（如中国和印度）而言，LPI 更倾向于发挥主要进口通道的性能。它没有反映国内物流和国内商务走廊跨越省或州边界连接经济中心的表现。调查受访者的人口统计数据会影响像 LPI 这样的基于感知的调查。

应该谨慎描述从一个版本的 LPI 到下一个版本的 LPI 的分数变化。所有年份（不仅仅是两年）的负面趋势可能值得担忧，尤其是当一个国家的评分变化超过 20% 时。《联结以竞争》总是包括每个国家的国际 LPI 的统计置信区间（见附录 2）。只有当 2018 年和 2016 年评分的置信区间不重叠时，统计数据才会发生显著变化。表 1.8 概述了 2016—2018 年指数中 LPI 评分发生负面或正面变化的国家数量。

表 1.8　　2016—2018 年 LPI 评分正值、负值变化的国家数量

2016—2018 年 LPI 评分变化	低收入国家	中等偏低收入国家	中等偏高收入国家	高收入国家
正值变化，有统计学意义	1	4	0	0
正值变化，无统计学意义	11	18	23	14
无变化	0	0	1	0
负值变化，无统计学意义	10	16	13	32
负值变化，有统计学意义	1	3	2	5

注：2018 年 LPI 包含 160 个国家，其中 6 个国家未包含在 2016 年版中，因此未包含在本表中。2018 年有 12 个国家的收入分类与 2016 年不同；在所有案例中都使用了 2018 年的分类。分数的差异被四舍五入到小数点后两个位置。

资料来源：2016 年、2018 年物流绩效指数。

尽管这一发现在统计数据上并不显著，但值得注意的是在 2016—2018 年，中低收入国家的 LPI 评分上升（34 分）比下降（30 分）略多。

第二部分

解析物流绩效的各个指标

国际物流绩效指数（LPI）提供了一些关于整体物流绩效驱动因素的信息。为进一步分析调查结果，有必要参考国内 LPI。本部分以国内 LPI 为基础，在国内 LPI 中，接受问卷调查的物流专业人员评估了他们工作所在国的物流环境。它包含了关于国家物流环境、流程和机构方面更为详细的信息，并着眼于各个国家内部（而不仅仅是关口，如港口或边境）的物流限制。它分析了整体物流绩效的四个主要决定因素：基础设施、服务、边境手续和供应链的可靠性。除非有特殊说明，数据来自 2018 年的调查，而不是 2012—2018 年的汇总数据。

基础设施——各绩效组的共同关注点

除了绩效最佳者，基础设施是所有 LPI 绩效组的主要关注点，但受访者表示情况有所改善。信息通信技术（ICT）的质量始终高于实体交通基础设施。

来自最顶部五分区的受访者对其所在国基础设施的评价远高于其他五分区的受访者（见表 2.1）。其他四个五分区的差异没有那么显著，尤其是公路和铁路。在信息通信技术中，最顶部和最底部五分区之间的差异最小，这表明发展中国家可能一直在现代技术上进行大量投资，甚至可能直接跨越中间国家的绩效。当然，ICT 不能取代其他需要重新关注的硬件基础设施。

表 2.1　不同五分区中认为每种基础设施质量为“高”或“非常高”的受访者比例（%）

LPI 五分区	港口	机场	公路	铁路	仓储与转运	ICT
最底部五分区	26	30	17	17	21	34
第四个五分区	23	13	10	9	23	44
第三个五分区	33	39	20	12	27	48
第二个五分区	57	41	37	11	37	52
最顶部五分区	63	67	57	37	62	75

注：ICT 指信息通信技术。
资料来源：2016 年物流绩效指数。

虽然基础设施仍是发展中国家的一个限制因素，但似乎正在不断得到改善。自上一次 LPI 调查以来，所有五分区国家的受访者普遍认为贸易和运输基础设施有所改善（见图 2.1）。自调查开始以来，最底层五分区的受访者的改善感知程度首次高于最顶层五分区的受访者，但中间五分区的受访者改善感知较低。如果这种模式持续下去，它将与第 1 节中讨论的一些弥补物流差距的做法看齐。

还可以将受访者对基础设施的评价与之前 LPI 报告中的评价进行比较。表 2.1 清楚地表明，人们对港口基础设施的满意度越来越高，2018 年的评分高于往年，与 2014 年相比，2016 年的评分与 2014 年持平。尽管五分区对于其他类型的基础设施情况各有不同，但这些结果与受访者的改善感知（见图 2.1）清楚地表明，政府意识到基础设施质量对物流绩效的重要性，并成功地改善了基础设施。

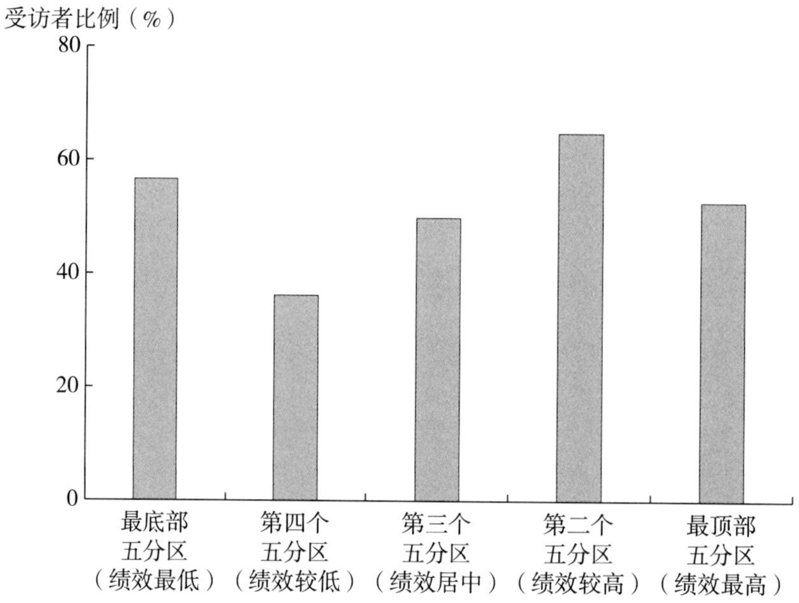

图 2.1　不同五分区中认为自 2015 年起贸易与运输基础设施“有所改善”或“大幅改善”的受访者比例

资料来源：2018 年物流绩效指数。

基础设施类型不同，人们对基础设施质量的满意程度也不同。与前几年一样，所有五分区内的受访者对 ICT 基础设施最为满意。与 2016 年相同，有证据表明基础设施差距（尤其是在最顶部和最底部五分区之间的差距）正在逐步缩小，其中 2018 年的改善速度似乎明显快于 2016 年；中间几个五分区基础设施的改善与先前的报告一致。相比之下，铁路基础设施总体上来说还是难以令人满意的，这与之前的报告一致。在最底部的五分区中，所有类型的基础设施都无法令人满意，这和其他分区变化模式相比是个例外（见图 2.2）。

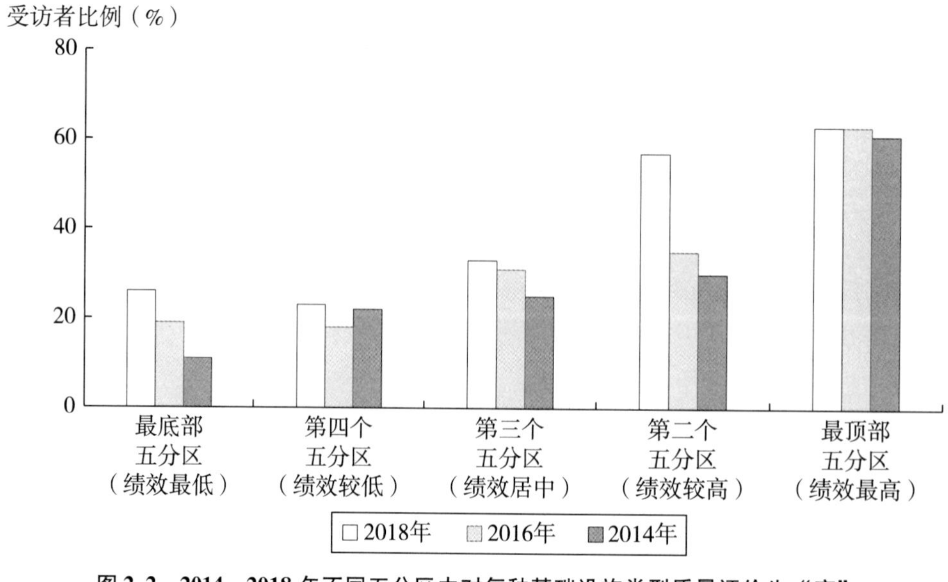

图 2.2　2014—2018 年不同五分区中对每种基础设施类型质量评价为“高”或“非常高”的受访者比例

资料来源：2014 年、2016 年和 2018 年物流绩效指数。

对世界银行不同业务地区（不包括高收入国家）基础设施的国内 LPI 数据进行分解研究时，都会发现相似的模式（见表 2.2）。除中东、北非、拉丁美洲和加勒比海地区的 ICT 评分非常接近最高以外，其他所有地区的 ICT 评分都是最高的。不同地区对其他类型基础设施的评价差异很大，其中有两个特点非常突出。第一，拉丁美洲和加勒比海地区对公路和铁路基础设施的满意度非常低，这与2016 年相同，在南亚也是如此。第二，所有地区对铁路基础设施的满意度都很低，包括 LPI 五分区。

表 2.2　不同地区对不同类型基础设施质量评价为“高”或“非常高”的受访者比例（%）

地　区	港口	机场	公路	铁路	仓储与转运	ICT
东亚与太平洋地区	33	36	33	10	33	43
欧洲与中亚	14	22	21	20	23	48
拉丁美洲与加勒比海地区	26	23	9	0	6	26
中东与北非地区	70	53	45	12	56	69
南亚	18	13	7	10	7	37
撒哈拉以南非洲	45	39	17	13	30	47

注：ICT 指信息通信技术。

资料来源：2018 年物流绩效指数。

发展物流服务市场

核心物流服务提供商的质量和竞争力是国家整体绩效的另外两个重要组成部分。对于所有 LPI 五分区中的国家，受访者对服务提供商的满意度几乎总是高于对基础设施质量的满意度（见表 2.3，与表 2.1 相比）。就像基础设施一样，对于服务提供商来说，顶部五分区和其他四个五分区之间存在质量差距。

对于所有 LPI 五分区中的国家来说，受访者对货运代理商的评价都较高，通常位于或接近该类别的最高分（见表 2.3）[①]。不同五分区之间，虽然铁路运输服务与

表 2.3　不同五分区中认为每种服务供应商质量与竞争力为“高”或“非常高”的受访者比例（%）

LPI 五分区	公路运输	铁路运输	航空运输	海运与港口	仓储、转运与配送	货运代理商	报关行	贸易与运输协会	收货人或托运人
最底部五分区	28	19	37	44	33	32	14	24	22
第四个五分区	30	9	39	46	21	38	26	19	26
第三个五分区	36	24	58	40	39	45	45	32	22
第二个五分区	38	26	49	53	49	59	36	42	38
最顶部五分区	78	41	70	71	69	78	68	56	52

资料来源：2018 年物流绩效指数。

① LPI 的调查对象是货运代理和快递公司，所以这些服务提供商的质量和能力是由他们的同行来评估的。

铁路设施一样，但人们对其评价均较低，对其他供应商类型的评价差异较大（见表2.3）。在绩效最佳的国家中，虽然对收货人或托运人以及贸易和运输协会的评分低于大多数其他类型服务的评分，但除铁路运输外，对所有类型的服务提供者的质量和竞争力的评价均较高。

在世界银行业务地区，服务与基础设施之间的评级差距似乎普遍存在（见表2.4）。这尤其在欧洲和中亚、拉丁美洲和加勒比海的空中运输，拉丁美洲和加勒比海及撒哈拉以南非洲的公路运输，以及撒哈拉以南非洲的仓储，都是尤为严峻的。这些数据表明，有必要开发与运输相关的基础设施，以便服务市场的改革能够给用户带来最大的利益。

表2.4　认为服务质量“高”或“非常高”受访者与认为基础设施质量“高”或“非常高”受访者比例之差（%）

地区	海运与港口	航空运输	公路运输	铁路运输	仓储、转运与配送
东亚与太平洋地区	9	9	3	0	4
欧洲与中亚	9	18	16	2	6
拉丁美洲与加勒比海地区	21	18	12	5	11
中东与北非地区	0	-9	8	3	-7
南亚	6	10	1	-8	4
撒哈拉以南非洲地区	5	12	6	14	16

资料来源：2018年物流绩效指数。

在基础设施的绩效方面，可以与服务绩效进行比较。图2.3显示了2014—2018年最底部五分区的绩效，其中改进尤为重要。在大多数类型的服务提供商中，受访者的满意度明显提高。最底部五分区尤其重要，因为不发达的物流服务市场往往是绩效的一个关键制约因素。但图2.3表明，即使在具有挑战性的环境中，政府和私营部门也可以在相当短的时间内提高绩效。对于其他五分区来说，结果更加多变。

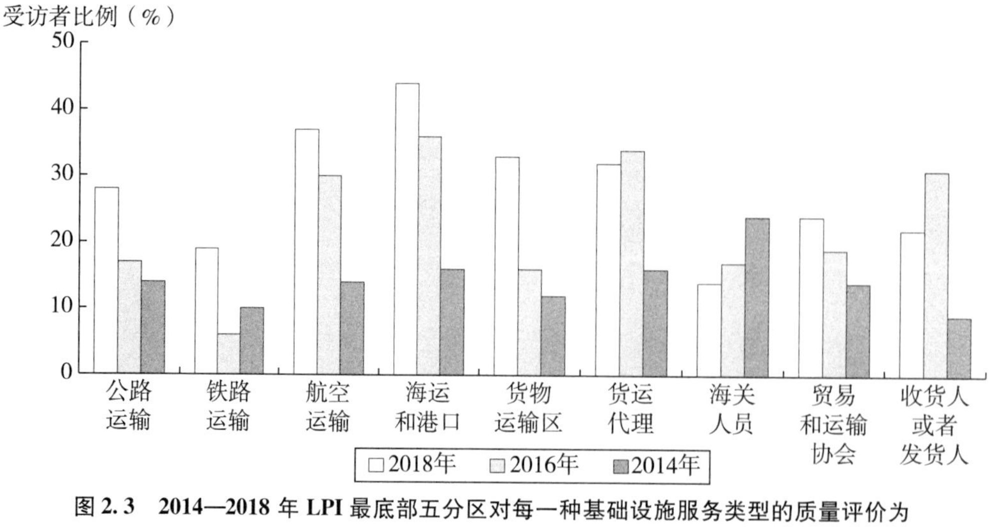

图2.3　2014—2018年LPI最底部五分区对每一种基础设施服务类型的质量评价为“高”或“非常高”的受访者比例

资料来源：2014年、2016年、2018年物流绩效指数。

简化边境程序和促进贸易

该调查收集了一系列与交易时间、边境通关便利程度以及处理烦琐程序的经验相关的指标。这些数据按地区和收入组别分类的细目见附录3，按国家分类的时间和距离见附录4。这些指标对贸易和运输改革的实施深度提供了截然不同的见解。贸易便利化的原则被广泛接受，例如，自动提交是所有绩效组的标准化流程。但进口或清关货物或大量烦琐手续的筹备时间仍然在很大程度上区分了底部的三个五分区和顶部的两个五分区：底部三个清关时间是顶部两个的三倍，文书工作量是顶部两个的两倍。

进口与出口时间

完成贸易交易所需的时间是衡量物流绩效的一个很有用的结果指标。正如LPI所度量的，高绩效组中港口和机场供应链的进口交付周期中值通常较低（见图2.4）①。位于最底部五分区内国家和地区所需时间通常是位于最顶部五分区国家和地区的三倍。这一巨大差距与2016年类似。但与之前的报告不同，2018年的报告没有显示出时间和业绩之间的一致关系。相反，第三个五分区的结果，尤其是陆路供应链的结果似乎异常高。未来几年需要仔细检查这些关系，以确定问题是出自抽样误差还是受访者人口结构的变化，抑或是需要解决的具体绩效问题。

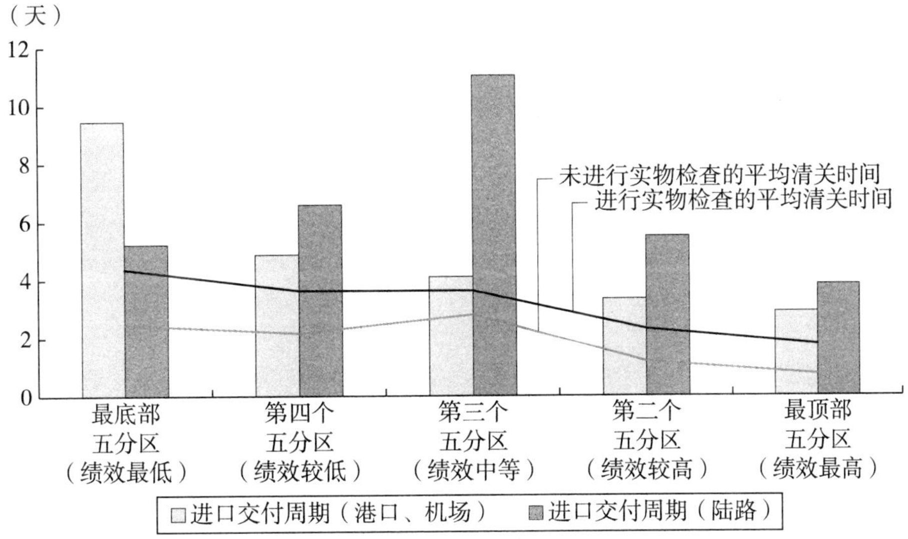

图2.4　不同LPI五分区进口交付周期中值与平均清关时间

资料来源：2018年物流绩效指数。

所有的LPI五分区通过陆运进口所需的时间均比通过空运或海运长，除了最底部五分区，当然也可能是另一个反常的结果。陆路距离和进口交付时间之间的相关

① 进口的前置时间是从卸货港到收货人到达的中间时间。

性表明，除基础设施外，地理位置、服务提供和其他物流问题对于衡量一个国家与世界市场接轨的能力也非常重要。

除了地理位置和运送速度外，边境清关的效率还会影响进口交货时间。在办理手续的所有阶段均可缩短时间，在运抵货物的清关环节尤为如此（见图2.4）。尽管通过海关清关的时间只占所有LPI五分区进口时间的一小部分，但如果对货物进行实物检查，清关时间就会大幅增加，即使是在高绩效国家也是一样。各个五分区的核心海关手续大同小异，但相对而言，低绩效国家进行实物检查的情况更为普遍，甚至同一批货物会由多个不同机构重复进行检查（见表2.5）。物流绩效低的国家需要减少烦琐程序、实物检查以及过多且不透明的手续要求。

表2.5　不同LPI五分区存在且正在使用清关手续的受访者比例（%）

海关手续	最底部五分区	第四个五分区	第三个五分区	第二个五分区	最顶部五分区
报关申请的在线处理	76	94	83	92	95
在清关中使用有资质报关行的要求	100	81	57	86	67
最终清关地点的选择	63	67	81	74	75
最终清关前的担保发布	61	52	50	69	64
进口货物实物检查（所占比例）	33	29	20	17	9
对进口货物进行多重实物检查	18	11	11	3	5

注：除另有说明外，均指受访者比例（%）。
资料来源：2018年物流绩效指数。

出口供应链的手续通常比进口供应链的手续简便，因此出口交付周期比进口交付周期短（见图2.5）。总体物流绩效的出口交付周期普遍下降，但第三个和第四个五分区的陆路供应链却没有下降，这是一个反常的结果，需要在今后的LPI报告中加以监测。在出口交付周期时收入群体之间常见的物流差距再次出现，低收入国家的这一差距几乎是高收入国家的四倍（见图2.6），比以前版本的LPI报告要大得多，也可能是因为调查对象的地域构成不同。与中等和高收入国家相比，低收入国家和其他国家的陆路供应链出口时间差异更大。许多低收入国家出口交付周期很长，损害了它们的出口竞争力和国际贸易能力。

与交付周期不同，全球范围内的海关手续正变得越来越相似（见表2.5）。即使是最底部五分区国家也倾向于采用便利化措施。

虽然海关手续逐渐完善，但许多国家仍发现其供应链受限于其他边境机构，因为海关并非边境管理的唯一机构。在2018年，海关与其他边境机构之间的绩效差距比以前版本的LPI报告要小，甚至在第四个五分区（见表2.6）出现了逆转。以前版本的LPI报告强调，对许多国家来说，改善边境机构绩效的关键可能在于对海关以外的机构进行改革。有证据表明，一些国家已经在这一项议程上取得进展，不过未来几年需要对数据进行监测以确定这一趋势是否能继续下去。

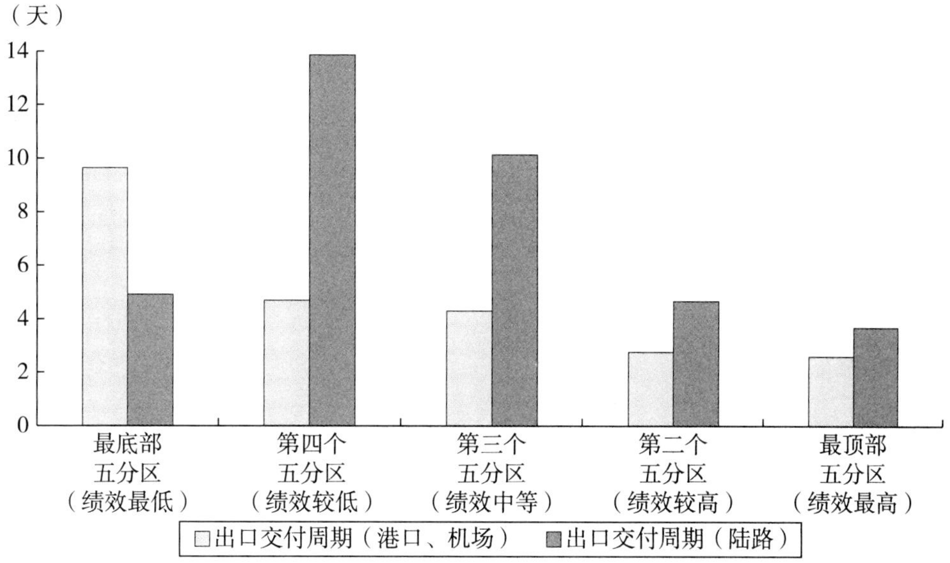

图 2.5　不同 LPI 五分区出口交付周期中值

资料来源：2018 年物流绩效指数。

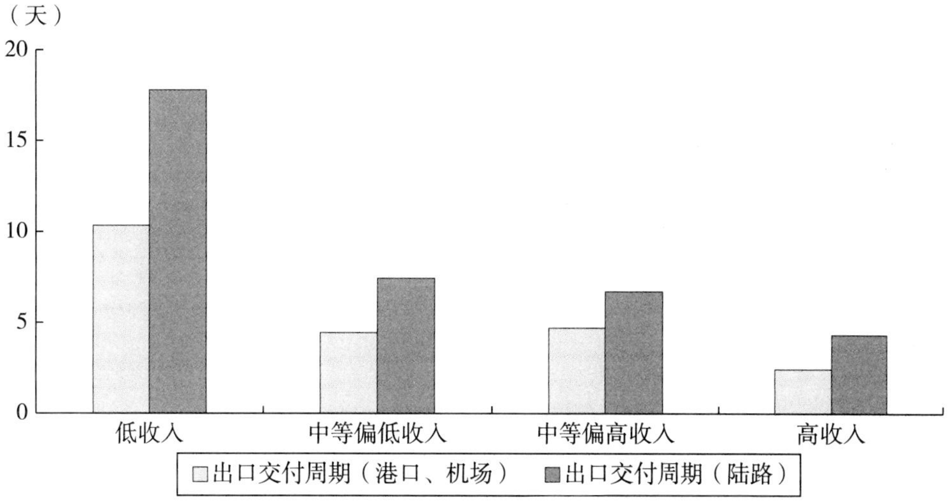

图 2.6　不同收入组别出口交付周期中值

资料来源：2018 年物流绩效指数。

表 2.6　不同五分区中认为三个边境机构质量与竞争力为"高"或"非常高"的受访者比例（%）

LPI 五分区	海关机构	质量与标准检验机构	卫生与动植物检疫机构
最底部五分区	15	26	25
第四个五分区	15	23	21
第三个五分区	32	32	21
第二个五分区	44	43	39
最顶部五分区	76	58	55

资料来源：2018 年物流绩效指数。

在设计贸易便利化改革时，必须超越海关这一项。对于不易腐烂或时间敏感的产品，则减少检查程序。虽然卫生与动植物检疫部门（SPS）在自动化方面进展缓慢，但是这种情况正在改变。因为所有机构之间的合作，例如，标准、运输、兽医以及卫生与动植物检疫部门都对改革至关重要，所以采用现代化方法来达到监管合规的目的。

尽管自2014年LPI报告发布以来，海关的整体表现一直保持稳定，质量和标准和检验机构在底部五分区已显著改善。图2.7和图2.8呈现出一种明显的趋势，即对它们的满意度有所提高。

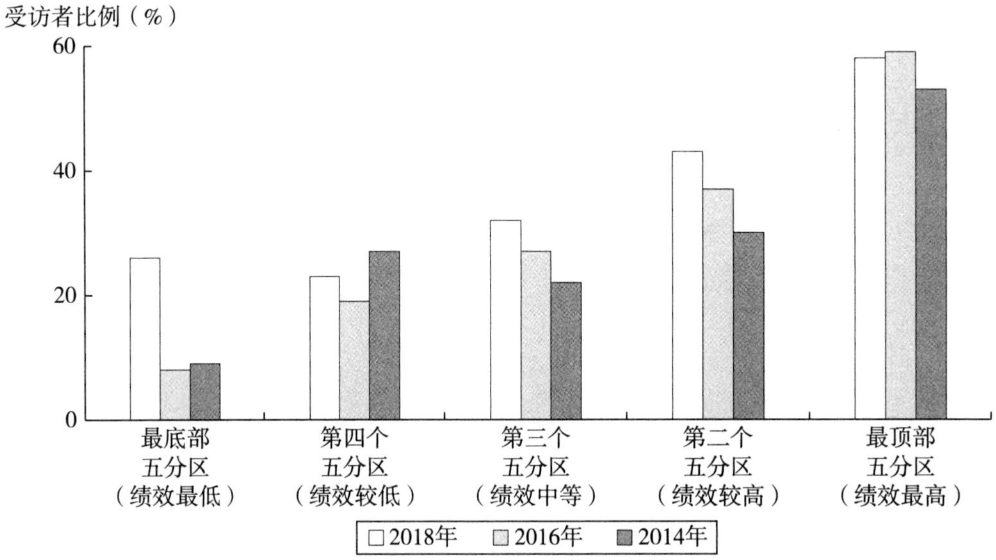

图2.7　2014—2018年，不同LPI五分区中评价质量和检验机构的质量和能力为“高”或“非常高”的受访者比例

资料来源：2014年、2016年和2018年物流绩效指数。

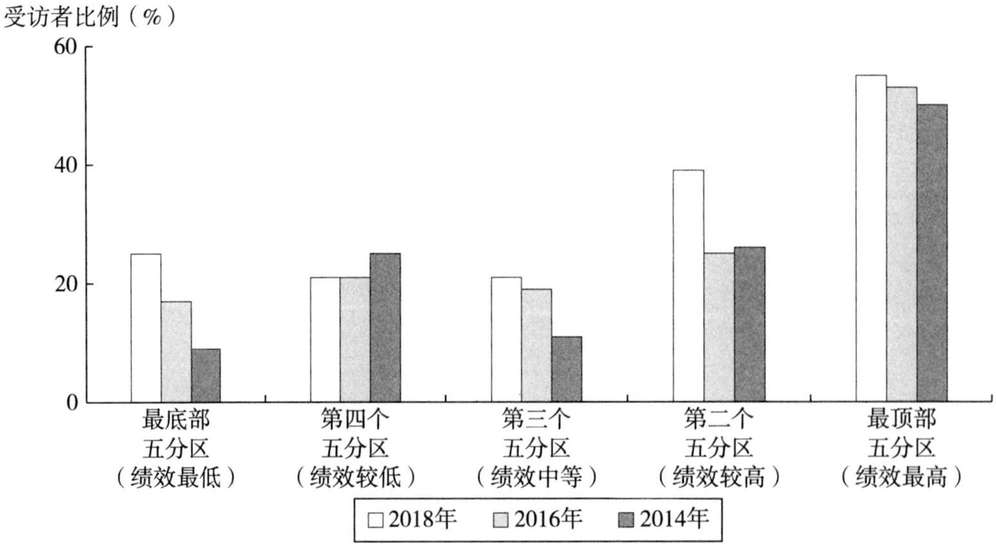

图2.8　2014—2018年，不同LPI五分区中评价卫生与动植物检疫部门的质量和能力为“高”或“非常高”的受访者比例

资料来源：2014年、2016年和2018年物流绩效指数。

烦琐程序

烦琐程序指标说明了边境管理机构缺乏协调能力，导致私营物流运营商承担的负担与前几版 LPI 报告类似。在最底部五分区的国家，需要运营商打交道的政府机构数量和文件是最顶部五分区国家的两倍（见图 2.9）。最顶部五分区国家通常需要两份贸易交易证明文件，而在最底部五分区国家则需要四份或五份，这也是上一版和本版 LPI 报告中一直存在的一个物流鸿沟。

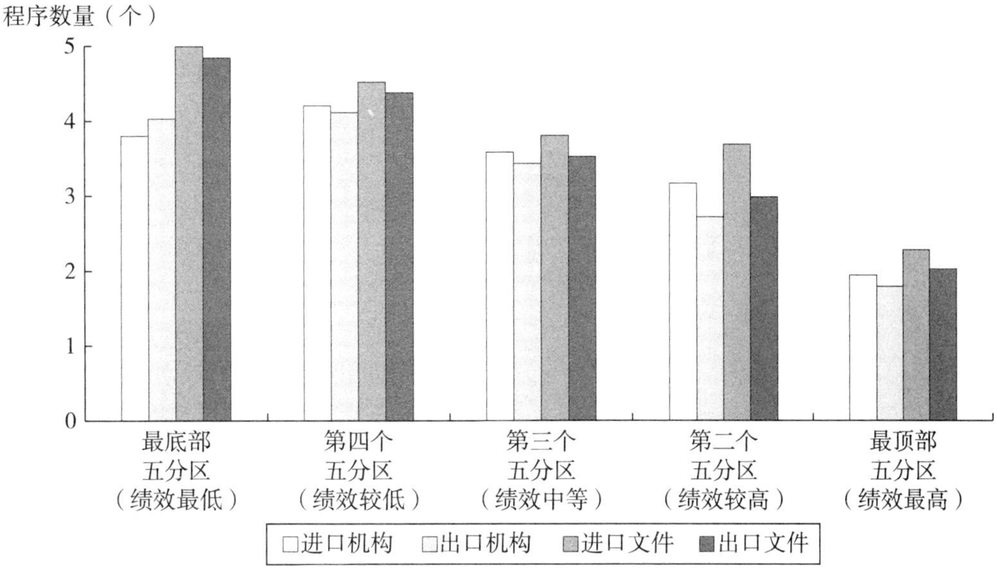

图 2.9 不同 LPI 五分区中影响进出口交易的烦琐程序

资料来源：2014 年、2016 年和 2018 年物流绩效指数。

简化进出口的文件手续一直是贸易便利化议程上的一项重要内容，也推动了对边境机构进行协调整合以及为贸易创设单一窗口等举措。世界银行与国际金融公司的经商指标高度重视类似的手续简化举措。不过，还需要在边境管理及其他方面采取措施，一般来说还包括与贸易相关的软件、硬件基础设施。

世界贸易组织（WTO）的《贸易便利化协定》（TFA）可以在两个方面提供帮助。第一，其标准受 WTO 贸易规则的约束，与之前惯例不同，发展中国家仍可自由选择 TFA 的哪些部分将立即具有约束力，哪些部分将被推迟，以及只有在收到技术援助后才适用。第二，为支持这一框架，TFA 加强向发展中国家和最不发达国家提供技术援助和能力建设资助。TFA 的许多措施执行起来相对直接，而实施其他举措（如创设单一窗口）时可能会非常复杂，需要各国政府持续做出努力。

供应链可靠性——各国关注的焦点

物流绩效与供应链的可靠性和可预见的出货量密切相关。在调查中发现的延误原因在三个最底部五分区中比最顶部五分区的第一个或第二个更令人担忧。

造成延误或不可靠性的一些原因是国家供应链的内在原因：例如，服务质量、清关过程的成本和速度。但其他原因，如对间接海运路线的依赖则不在国内供应链范围内，不受国内的控制。

LPI 报告详细阐述了国内服务和机构职能可能造成与延误无直接关系的原因（见表 2.7）。在这里，最顶部五分区和最底部五分区之间再次出现明显反差，在以下三个方面这一反差尤为明显：非正式支付（腐败性支付）、强制仓储和装运前检查。其中前两项与以前版本的 LPI 报告中指出的问题相同。自 2016 年版报告以来，报告的最底部五分区的延误率大幅下降，这与最底部五分区的大多数延误率低于中间五分区的情况相一致。希望这一重要变化能反映出“迎头赶上”的趋势，在今后的报告中监测这一趋势将是重要的。

表 2.7　不同 LPI 五分区在延误类别中认为货运“经常”或“几乎总是”发生延误的受访者比例（%）

LPI 五分区	强制仓储	装运前检查	海上转运	失窃	非正式支付
最底部五分区	26	20	11	8	13
第四个五分区	27	21	13	5	30
第三个五分区	23	27	14	14	22
第二个五分区	14	13	18	5	13
最顶部五分区	5	5	6	2	3

资料来源：2018 年物流绩效指数。

尽管情况有明显的改善，但在最底部五分区国家，延误和意外成本比最顶部五分区国家更普遍，从而影响了整个供应链绩效。更糟糕的是，除了在某些情况下的最底部五分区，在所有 LPI 五分区中延误发生率都存在上升趋势。一般模式下，供应链的可预测性是一个重要的商业问题，但在最低绩效的国家，它可能正在朝着正确的方向发展。

可预测且可靠的供应链是良好物流绩效的核心。事实上，高度不确定的交货期会扰乱货物生产和出口，迫使企业采取成本高昂的战略，如快速货运或大幅提高库存，削弱使用准时制生产的全球和区域价值链的竞争力。尽管企业可以采取一些策略，比如增加剩余来应对供应商的断货，但希望其公司加入并进入全球和区域价值链的国家必须提供可预测和可靠的供应链的条件。

政策制定者更关注供应链可靠性和可预测性的另一个原因在于全球和区域贸易正在形成网络化结构，这在一定程度上与提升价值链有关。在一个网络内，一个节点的微小影响可迅速扩散，且有时会不可预见地扩散至其他节点。与网络化生产模型有关的高效收益会与升高的系统风险相伴而来，从这个意义上说，结构本身易受针对关键环节微小冲击的影响。其造成的结果就是无法为发展中可预测和可靠供应链提供条件的国家将日益与世界市场脱钩，这在世界市场网络化生产模式中非常普遍。低绩效国家需要给予更多的政策关注来提高他们的联结性，并防止他们进一步朝着全球贸易体系边缘化发展。

国内 LPI 强调的关键绩效指标可进一步反映供应链的可靠性和可预测性，即清关与交付的及时性（见图 2.10）。随着物流绩效的下降，延误频率会大幅升高。因此，当我们从较高五分区看向较低五分区时，清关和交付的及时性会逐渐降低也就不足为奇了。在最顶部五分区，大多数受访者认为进口和出口货运“经常”或“几乎总是”按时到货，而在最底部五分区，只有一半左右的受访者这样认为。然而，与 2016 年 LPI 报告相比，低部五分区和中间五分区的情况明显改善，逐渐趋同。这一发现凸显了低绩效国家采取了提高供应链可预测性和可靠性的措施以避免扩大物流鸿沟的重要性。

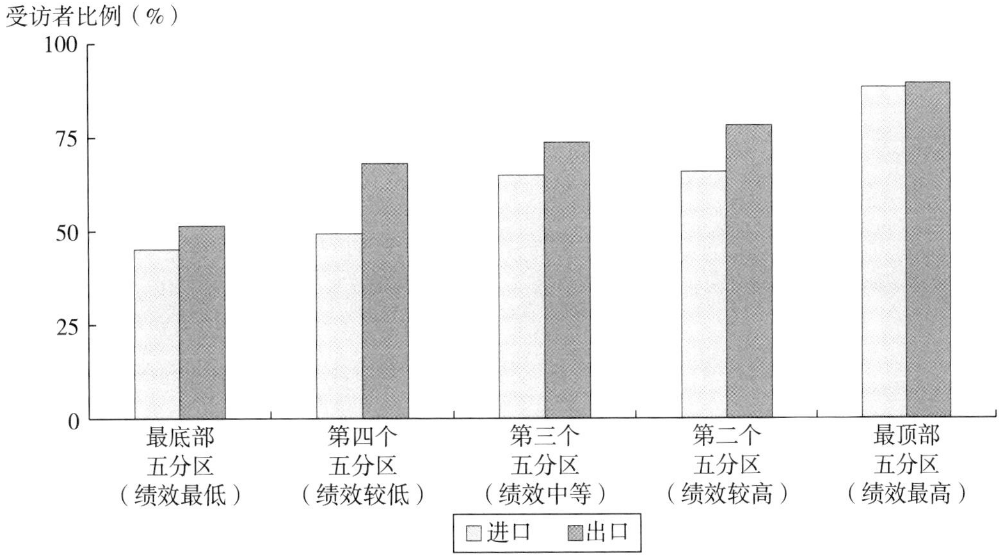

图 2.10　不同 LPI 五分区中认为货运“经常”或“几乎总是”在既定时间内得到清关和配送的受访者比例

资料来源：2018 年物流绩效指数。

第四个 LPI 五分区出口的按时到货率和进口的按时到货率之间的差异最大（见图 2.10），这与前一版 LPI 报告相同。最底部五分区的差距要小得多。对进口商品的有利调查较低回复率表明，供应链的不可靠性在实践中（如果不是在法律上）对外国商品构成了威胁。随着传统的贸易壁垒在世界范围内继续减少，导致这些其他贸易壁垒的政策成为影响贸易绩效和贸易结果的更大决定因素。因此，解决造成意外延误的原因，包括通关方面的不可预测性、陆路运输延误和服务可靠性低等应该是低绩效国家物流改革的重要组成部分。

在世界银行的一些地区，供应链可靠性的模式比其他地区更引人注目（见图 2.11）。地理可预测性差距可能会影响竞争力以及地区供应链和生产网络的扩展。

然而，在理解图 2. 11 时要谨慎，因为每年的数据差异非常大，其部分原因是由于各国的应对模式不同造成的。

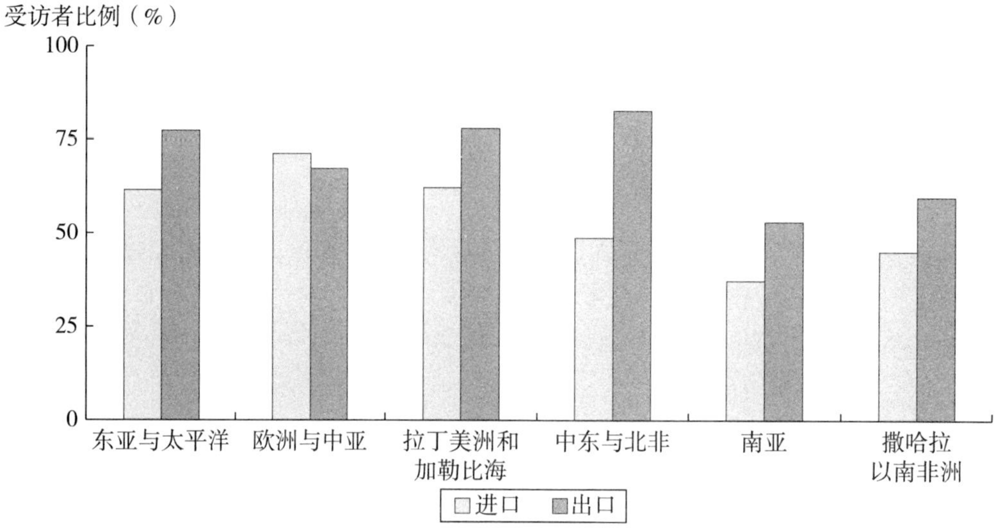

图 2. 11　世界银行发展中国家业务地区认为货运“经常”或“几乎总是”在既定时间内得到清关和配送的受访者比例

资料来源：2018 年物流绩效指数。

供应链质量不仅事关时间和成本，对私营部门运营商及其客户而言，更深一步的考虑还包括发货的可预测性，正如之前版本的报告所示（见图 2. 12），2018 年 LPI 的发货可预测性差异很大。在最顶部的五分区，仅有 13% 的货运未达到公司的质量标准，这与之前的比例相同。最底部五分区有两倍的货物不符合公司的质量标准。然而，自 2016 年 LPI 以来，最底部五分区的绩效已明显改善，而第四个五分区的结果则显得异常，它的百分比最高却未能达到公司的质量标准。这一发现再次说明物流鸿沟是切实持久存在的，但从供应链效率和可靠性的整体角度来看，差距可能正在缩小。

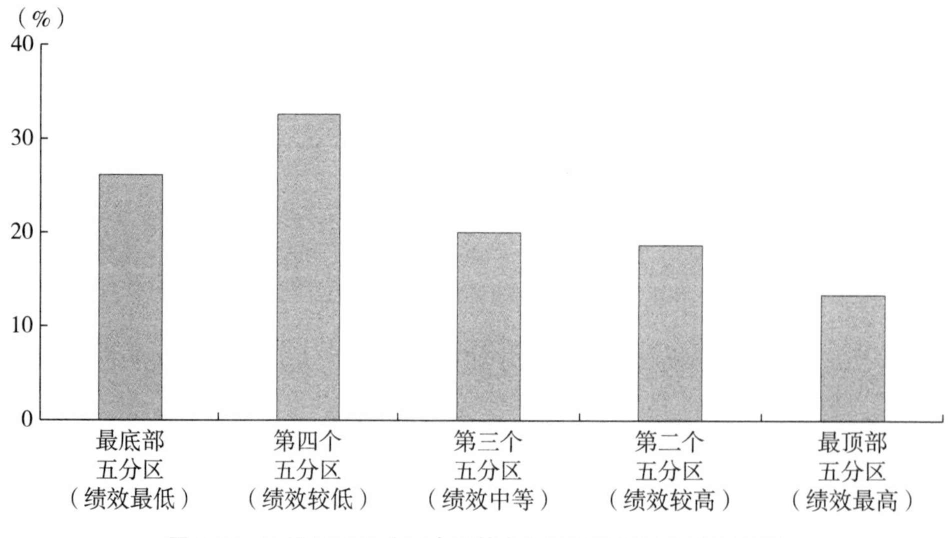

图 2. 12　不同 LPI 五分区中不符合公司质量标准的货运比例

资料来源：2018 年物流绩效指数。

货运代理中最重要的质量标准是在承诺时间内送达货物，几乎与其同等重要的是货物组成或相关文书无差错。在高绩效国家可以接受的质量范围要比低绩效国家小得多。同样，在顶级绩效国家可以容忍的错误也要比低绩效国家少得多。货运质量差距仅在一定程度上反映了这些不同的期望值。

第三部分

物流趋势、改革实施与物流绩效指数

尽管高绩效国家和许多发展中国家之间仍然存在差距，但全球物流格局呈现出积极的趋势。在发展中国家，如今的物流议程似乎比2007年更加突出。因为随着需求的变化、工业的变化以及可持续性的关切日益重要的作用，干预措施不断扩大。各国政府和地区集团以物流绩效指数为动力，推动改革。经济合作与发展组织（OECD）、联合国贸易与发展会议、世界银行和区域开发银行等国际组织都在支持他们。

LPI——激励和宣传改革

自成立以来，LPI及其概念框架推动了全面改革，如在印度和阿曼（阿曼的情况见表框3.3）。自2016年以来，印度一直将物流作为其高度优先的经济改革之一，以应对国土面积大、拥挤的枢纽、内部对商品和服务的贸易壁垒等挑战。为了祝贺各州销售税的突破性统一，印度政府任命了一名特别的物流部长，负责跨领域的政策和协调。2018年，印度政府授权了一个地方采用了世界银行的LPI概念。[①]

世界银行编制的LPI和相关数据集[②]被广泛用于分析政策工作和运输、运筹学和贸易等领域的学术研究（见表框3.1）。

表框3.1　LPI在研究与决策文献中的应用

自2007年推出以来，LPI报告已成为全球贸易和运输便利化以及物流绩效指数的重要来源，为决策者、学者、物流从业人员和贸易商提供参考。它也被宣传团体使用。自2008年以来，近90种研究或政策制定出版物使用了LPI数据（见下图），此外还有许多教科书以及材料和论文。

LPI也是各种贸易和运输指标的组成部分，如2008年首次发布的世界经济论坛促进贸易指数和2014年推出的欧盟运输计分板。[a] 几乎所有多边机构，例如亚洲开发银行、非洲开发银行、美洲开发银行、联合国欧洲经济委员会、联合国贸易和发展委员会、联合国亚洲及太平洋经济社会委员会将LPI作为其贸易和运输出版物的常规要素。此外，大型和小型咨询公司以及多家物流公司定期将LPI数据纳入其报告中。

从主题上看，LPI的使用大致可分为两大类：贸易和运输便利化以及供应链管理、运输和物流竞争力（见下表）。在40多种出版物中，LPI数据是主要的经验依据，几乎同等数量的出版物使用这些数据作为参考。大多数出版物都是学术论文，可能涉及这两类问题。非详尽的参考文献清单见附录7。

---

① https：//economictimes. indiatimes. com/news/economy/policy/government－ropes－in－deloitte－to－rank－states－on－logistics/articleshow/59552798. cms.

② The World Bank－UNESCAP International Trade Costs database is available at http：//databank. worldbank. org/data/reports. aspx？ source＝escap－world－bank－international－trade－costs.

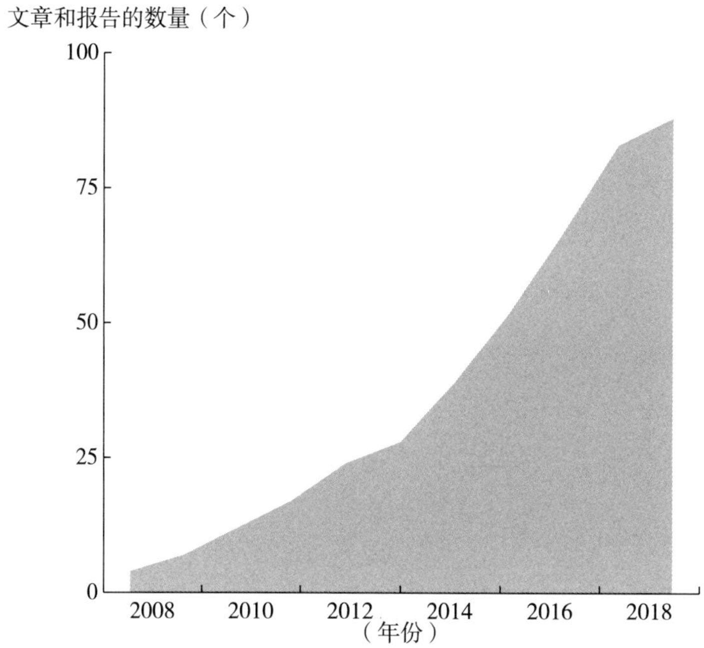

2008—2018 年 LPI 在研究和政策制定文献中的应用

资料来源：世界银行工作人员计算。

研究与决策文献中 LPI 使用的主题划分

	贸易经济、贸易和运输便利化等	国家或行业层面的供应链、物流、运输和竞争力问题	总计
主要经验数据	27	14	41
主要参考数据	21	13	34
次要的参考	2	11	13
总计	50	38	88

注释：a　世界经济论坛的促进贸易指数（The World Economic Forum's Enabling Trade Index）使用过三次 LPI，欧盟（eu）的运输计分板使用过两次 LPI。

改变优先级

自第一版 LPI 报告出版以来，全球物流发生了巨大变化。2008—2009 年的贸易危机结束了一个快速增长的国际贸易时代，给传统参与者带来了压力。新的参与者和新的商业模式，如电子商务已经出现。技术和对供应链弹性的新担忧推动了行业变革，并重塑了政策议程。

大趋势和政策

世界经济论坛最近发表了一篇由知名专家撰写的论文，指出了可能推动物流未来发展的八个大趋势：

1. 物流技能短缺。
2. 重组全球价值链。
3. 供应风险和恢复（弹性）。
4. 供应链数字化转型。
5. 供应链的可持续性。
6. 电子商务推动了需求链。
7. 物流财产和基础设施。
8. 合作商业模式。①

大多数时候，这些趋势与物流政策议程直接相关。因此，2018 年 LPI 调查询问了货运代理服务的变化驱动因素。各国收入群体的大多数受访者认为，电子商务的扩张推动了服务需求的增长（见图 3.1）。

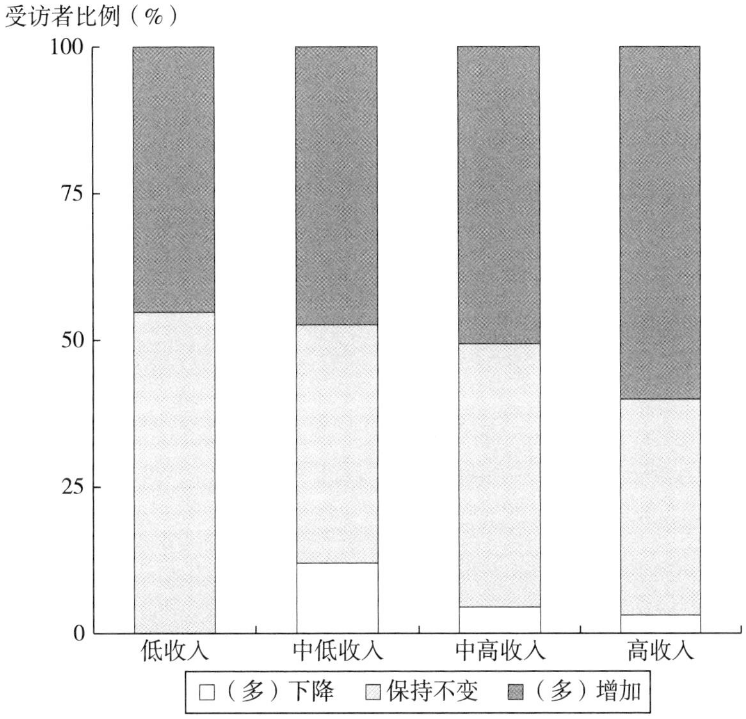

图 3.1　发货人越来越多地使用电子交易平台（企业对企业、企业对消费者）影响了企业的业务量

资料来源：2018 年物流绩效指数。

物流技能发展的重要性

尽管机械化和自动化程度很高，但物流仍然是需要人力的业务。运营层面的物流是劳动密集型的，有许多蓝领工人（如卡车司机和仓库经营者）和行政文员。这些员工的素质、培训和维持是影响物流绩效的主要因素。低质量的服务会损害生产

① 2017 年世界经济论坛。

和国际贸易。人力资源往往被忽视或被认为是理所当然的，实际上它不仅取决于公司的政策，还取决于国家对物流职业进行的教育和培训。

2017 年，世界银行和屈内物流大学发布了一份关于物流部门技能、竞争力和培训的报告。[1] 报告强调了一种普遍看法，即在发达国家和发展中国家，所有级别的合格物流相关劳动力都供不应求，并且在未来五年，这个问题可能会继续存在甚至恶化。发展中国家的受访者认为，管理层面的技能短缺最为严重，例如在填补高级供应链管理职位方面。在发达国家，最严重的短缺是合格的蓝领劳动力，例如卡车司机。

造成这一短缺的原因包括物流运营工作者的声望和地位低下。该行业的薪酬相对较低，导致在人才争夺战中处于劣势。许多发展中国家即使面临高失业率，也缺乏熟练劳动力供应。物流发展，特别是信息技术的发展，要求了劳动力所不具备的新能力。发展中国家在培训预算、课程内容、教育经验和培训提供者的质量方面落后于发达国家。缺乏从事物流工作的职业学校。如果有培训的话也仅限在日常工作中由同事进行的短期在职指导。这种失败严重影响着年青一代，一个尚未开发的学徒群体。

各国政府和国际机构历来重视基础设施和贸易便利化，而不是培养优质服务和熟练劳动力。员工受雇于私人公司，他们的培训在很大程度上是私人公司责任。但政府通过规范或提供培训直接发挥重要作用，并通过倡议私人公司发挥间接作用。发展中国家需要大力扩展物流培训和技能发展举措。促进物流竞争力的公共干预措施包括：

- 公共机构的教育和培训，或培训的财政支持。
- 教育政策和课程开发。
- 宣传、公私对话和多方利益相关者合作。
- 监管货运和物流服务，包括海关代理和货运。
- 为不同的工作设定和协调能力标准。
- 提高国有物流企业（通常是港口和铁路）的技能水平。
- 投资人力资本，作为发展物流和货运基础设施的一个组成部分。

作为其国家工作的一部分，世界银行最近开始对国家一级的技能和能力进行全面评估，以支持物流的改进（见表框 3. 2）。它明确了物流工作中的劳动技能和约束条件，并提出了干预措施以提升技能的优先事项。

表框 3. 2 评估物流技能、能力和培训：一个新的工具包

2017 年，为了支持物流服务的改进，世界银行推出了与屈内物流大学合作开发的“物流技能、竞争力和培训工具包”。该工具包系统地评估物流技能要求，评估当前的培训和教育是否满足这些要求，并建议干预的优先领域以提升物流技能。

该工具包对20 个领域进行了评估，为不了解每个领域的受访者定制评估（见下表）。

① 麦金农等，2017 年。

该工具包主要依赖于从物流利益相关者的采访中获得的定性数据，这些利益相关方包括托运人、招聘机构、教育机构、专业协会、物流服务提供商以及负责运输和专业培训的政府部门。在采访之后，每个评估区域的成熟度级别从1到5（从最小能力到全球最佳实践）。然后编制一份评估报告，并提供政策响应建议。

为了测试该工具包，2017年在多哥进行了一项试点研究，这是一个位于贝宁和加纳之间的撒哈拉以南地区的小型经济体。它的人口约为780万，其中近60%的人年龄小于25岁。由于多哥出口磷酸盐、可可、咖啡和棉花，物流是其经济繁荣的关键。该工具包使人们能够有效地了解物流方面的技能和能力，并就如何满足教育和培训需求提供了宝贵的政策见解。

资料来源：世界银行2017b。

通过物流技能、竞争力和培训工具包评估的领域				
需求	物流操作人员的招聘	现有物流员工的技能水平	物流行政后勤人员招聘	现有行政人员的技能水平
	物流主管的招聘	现有物流管理人员的技能水平	物流经理招聘	在职物流经理技能水平
供应	物流职业教育	物流职业教育质量	由私人培训机构提供物流教育	由私人培训机构提供的物流教育质量
	大学提供物流教育	高校物流教育质量	内部培训	内部培训质量
	物流技能认证	协会的职责	物流业的吸引力	提供招聘服务

供应链弹性

商业和生产受到自然事件和人为灾害（如内战或最近的网络灾害）的破坏。在当前的全球化时代，供应链的扩展创造了更多的相互依存关系。当供应链在没有备份的情况下中断时，本地事件造成的干扰远远超出了直接受到影响的区域。2010年，冰岛艾雅法拉火山的喷发导致欧洲大部分航空运输停运数周，许多非洲发展中国家的航空货运出口供应链中断数周。2011年，日本海啸和泰国洪水袭击了全球价值链的关键节点，扰乱了贸易。在如此严重的事件中，供应链链接的重建可能需要很长时间，甚至可能会永久地改变。

因此，国际和国内供应链的弹性正在成为一个政策问题，需要政府机构和私营公司采取措施，例如在加拿大、日本、北欧国家和美国。

在2017年年中，针对全球供应商的网络攻击导致实体供应链连续数周中断，因此，2018年LPI的调查包括了一个关于弹性在网络安全中重要性的问题。网络威胁的严重性和应对的准备程度是密切相关的，而发展中国家在这一点上则落后（见图3.2和图3.3）。

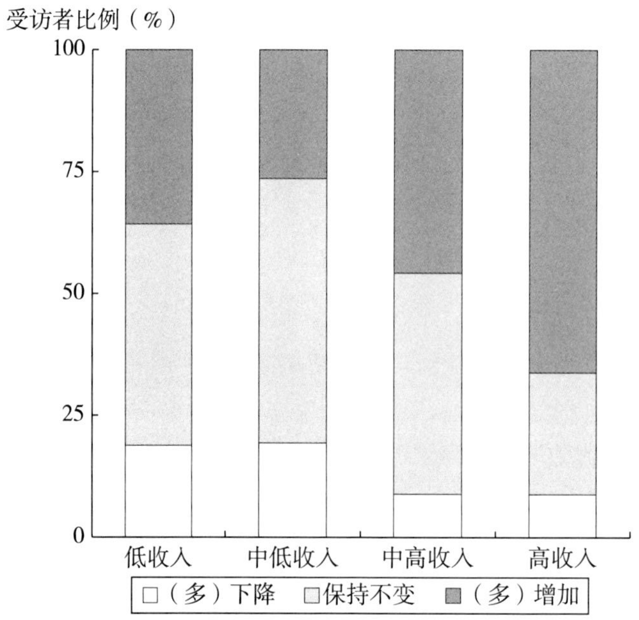

图 3.2 物流中的网络安全威胁

资料来源：2018 年物流绩效指数。

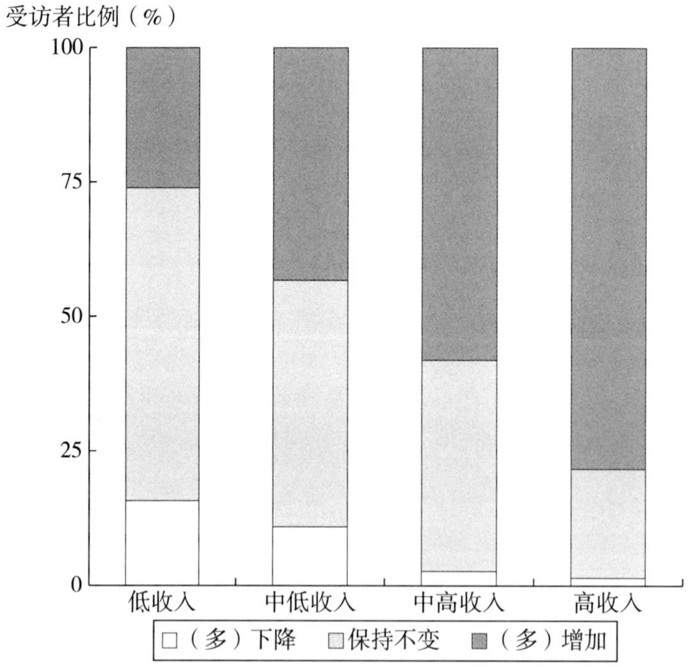

图 3.3 公司对网络威胁的防范

资料来源：2018 年物流绩效指数。

物流的环境可持续性

本版的《联结以竞争》和前三版一样，包括一个关于环境友好型国际物流需求的问题。所得出的结果是一致的：环境友好型供应链与更高的物流绩效相关（见图 3.4）。这是一个好趋势，因为物流不仅对经济而且对环境都有相当大的影响。

绿色物流的需求

所有物流活动的排放量都很难衡量，但运输提供了一个衡量指标：所有与能源有关的排放中有23%可归因于运输[①]，全球约7%的二氧化碳排放可归因于货运[②]，据估计，2015年，货运已排放了32亿吨二氧化碳[③]。这一数字预计将在未来几十年内上升，新兴经济体的增速将高于欧洲。

在最顶部五分区国家中，2018年有28%的受访者表示，托运人经常或几乎总是要求有环保的运输选择，包括排放水平线和路线、车辆和时间表的选择（低于2016年的34%）。在第二个五分区国家，这一比例下降到14%，在第三个五分区（9%），第四个五分区（7%）和第五个五分区（5%）中这一比例稳步下降（见图3.4）。

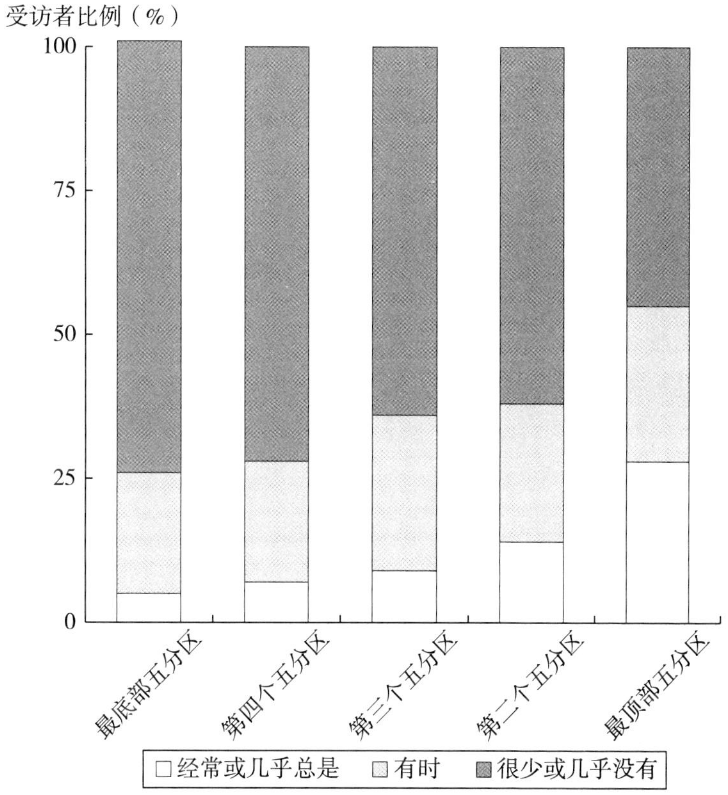

图3.4 绿色物流的需求

资料来源：2018年物流绩效指数。

托运人“有时”会要求环境可持续的运输选择，在最顶部五分区的受访者中为27%，在最底部五分区的受访者中为21%。更高的成本和更少的海运选择可能是造成高绩效国家和低绩效国家之间差异的主要原因，并且增加对在已经冗长且不可预测的供应链中增加运输时间的担忧。

---

① ITF 2016b.

② ITF 2016a.

③ 麦金农，2018年，第9页。

减少物流的碳足迹

脱碳措施可以抑制货运带来的不利影响。它们包括提高物流中的资产利用率（如储存和处理），提高公路和铁路货运的能源效率、船舶的低碳能源（如生物燃料）、航空货运的燃料效率，以及模式转换（将更高比例的货物转移到低碳强度的模式）。[①]

在2015年9月通过的联合国可持续发展目标（SDGs）中，减缓气候变化也是主要的内容。虽然没有明确说明运输和物流，但它们影响着17个可持续发展目标中的几个：7. 可负担的清洁能源；9. 工业、创新和基础设施；11. 可持续发展的城市和社区；12. 负责任的消费和生产；13. 减缓气候变化的行动。

若干关注具体运输方式（公路、铁路、航空和海运，包括海港）的组织参考了可持续发展目标。其中包括国际民用航空组织（International Civil Aviation Organization）在其2030年可持续发展议程中提出的通过促进可持续航空运输实现可持续发展的目标。[②] 在海运方面，国际海事组织（International Maritime Organization）制定了海事政策，并于2018年4月通过了一项初步战略即到2050年将海上运输的碳排放量削减为2008年的一半。[③]

此外，全球港口行业于2018年3月启动了名为“世界港口可持续发展计划”的可持续发展目标。[④] 道路运输业也认可了可持续发展目标，其主要组织国际道路运输联盟正在成员之间推动这一议程，并与联合国欧洲经济委员会等有关机构合作。[⑤]

其他具有绿色物流和运输的国际机构包括国际能源机构（IEA）和国际运输论坛（ITF），它们都与经合组织（OECD）有关。[⑥] IEA对减少石油和温室气体排放的国家的指导是以“避免、转移、改进”为主题的，它最近发布的运输政策报告包括《卡车的未来》（*The Future of Trucks*）和《2017年全球电动汽车展望》（*Global EV Outlook* 2017）中强调了提高效率和替代卡车燃料如何有助于实现环境目标[⑦]，以及《2017年全球电动汽车展望》，其中重点介绍了电动汽车的最新发展以及对市场和政策的影响。[⑧]

ITF于2016年启动了“脱碳运输”计划，目标是在2050年左右实现零运输排放。该项目的核心是让决策者选择最合适的二氧化碳减排措施的工具。该倡议的重点是评估二氧化碳减排措施的影响，而不是倡导具体措施。

从国家层面来看，北欧国家，例如，丹麦、芬兰、冰岛、挪威和瑞典，它们都支持到2050年实现无化石的目标。[⑨] 尽管北欧国家87%的电力已经是无碳的，但仍

---

① 麦金农，2018年，第15页。
② 国际民用航空组织。
③ 国际海事组织，2018年。
④ World Ports Sustainability Program, available at: https: //www. wpspevent. org/home.
⑤ IRU 2017.
⑥ 并非所有经合组织成员都是IEA成员或ITF成员。两个组织都可以有不是经合组织成员的成员。
⑦ 国际能源署2017a.
⑧ 国际能源署2017a.
⑨ 欧洲委员会DG（总局）、环境新闻警报服务，2017年。

存在一些挑战，例如，丹麦风能的可变性、芬兰对生物质和林业产品的依赖，以及挪威对石油和水电的投资。

物流的足迹也是受空间条件限制的，需要大面积的土地用于仓库等设施，以及运输的交通连接。物流不仅与工业和商业竞争空间，也在高密度地区建立交通枢纽。随着发展中国家日益城市化，迅速增加的城市货运对经济（效率低下和城市竞争力）、环境（空气污染和噪音）和社会（生活质量和健康）产生了重大影响。因此，城市物流和物流设施的空间规划更为集中，如物流中心和区域。

实现复杂性的管理

物流相关改革最初的重点是强调建立相互连接的基础设施和促进边境贸易。这一传统议程对发展中国家，特别是对物流绩效低的国家来说仍然很重要（见第2节），并且仍然是国际组织干预的核心。将发展中国家的基础设施连接起来是高度优先事项。它也是“一带一路”等主要连通性举措的目标。自20世纪70年代以来，联合国欧洲经济委员会和世界海关组织等国际组织在文件和公约中专门详细说明了贸易便利化良好做法。正如《联结以竞争》前几版所倡导的那样，物流服务行业的监管改革也是提升物流绩效的关键。改进监管的目的是在市场机制和私营部门参与的基础上提高服务质量。然而，这些改革在许多发展中国家难以实施。它们涉及卡车运输、代理业务、码头或仓储业务等部门，这些部门在许多地方运营效率有限，而且阻碍了现代化或新服务的进入。

新兴的政策领域如具有生态恢复能力的物流和城市物流，对发展中国家和发达国家同样重要。物流的网络特性意味着适用于高绩效国家的标准和商业模式将很快出现在低绩效国家。

物流管理作为一个经济部门

旨在提高其物流绩效的国家必须将物流视为一个跨领域的政策问题。这项工作跨越了交通、商业、基础设施、工业、金融和环境的行政界限。它需要有机制使私营部门参与（见表框3.3）。

表框3.3　阿曼的物流政策制定

为了应对不断下降的碳氢化合物收入和不断增加的对石油多样化的需求，阿曼正在改善其物流绩效。在2007年第一版《联结以竞争》中，它排名第48位，2018年排名第43位。

鉴于阿曼在16世纪是国际物流中心，阿曼政府于2013年12月开始根据其地理位置制定国家物流战略。政府特别感兴趣的是如何从阿曼的政治环境及其以前在基础设施方面的投资中获利。

阿曼的“国家物流战略2040”（SOLS 2040）是在咨询了来自私营部门、政府和学术界的65名专家后制定的。该项目于2015年2月获得批准，并被确认为国家促进经济多样化计划（Tanfeedh）的五年计划（2016—2020年）的一部分。阿曼的战略针对五个增长潜力最大的行业：制造业、旅游业、采矿业、渔业、运输和物流业。它的目标是促进投资，创造就业机会，并增加它们对GDP的贡献。

SOLS 2040明确了综合发展运输、分销以及支持软件基础设施的必要性。这种方式需要整合运输方式和基础设施，仓库、码头、港口、海关和法律程序、金融和保险、信息技术、安全，以及货运代理等中介机构。SOLS 2040的实施委托给了阿曼物流中心（Oman Logistics Center），该中心负责简化、协调和自动化政府的物流流程，涉及了四大支柱：市场、贸易便利化、人力资本和技术应用。

公共部门和私营部门之间的持续互动迅速建立了利益相关者之间的信任。物流行业增速（2016—2017年增长10%）快于整体经济增速（8%），其物流意识增强。

国家物流战略的下一步是将阿曼建立为国际物流中心。阿曼的目标不是直接挑战阿拉伯联合酋长国，特别是在航空货运方面，更意在充当一个互补的第二枢纽。近年来，阿曼班轮航运连通性指数有所改善（2017年为63.6），略高于沙特阿拉伯（59.5），但仍落后于阿联酋（73.7）。阿曼的进出口大部分通过阿联酋的杰贝勒阿里和沙迦港口。阿曼政府计划进一步发展2244千米的铁路网，将阿曼与海合会铁路网（GCC）连接起来，并将阿曼主要港口、工业区和索哈尔、萨拉拉和杜库姆的自由区连接起来。阿曼希望通过更低的成本，减少2至10天到上面海湾的运输时间。[a]

资料来源：Al – Futaisi and Salem 2015；UNCTAD 2017；http：//www. tanfeedh. gov. om/en/news – National – programme – Tanfeedh – to – enhance. php；https：//www. isc. hbs. edu/resources/courses/moc – course – at – harvard/Documents/pdf/student – projects/UAE_ TransportLogisticsCluster_ 2007. pdf.

注释：a 根据从新加坡直达苏伊士的基准航程，不停靠中东。《2014年港口标杆研究》，墨卡托国际有限责任公司。

议程的复杂性很可能对LPI第二和第三绩效层中的大多数国家构成挑战。它们的政策制定必须将改革的一致性与一系列深度需要的优先事项相协调，这些优先事项的范围要比业绩最好的国家（后者的范围更远）或处于最低两级的国家（后者的重点是较少的问题）更广。

一些国家设有国家物流机构。它们有助于解决物流的跨领域性质，制定共同战略，确保各部门的一致性，并缩小其他机构没有跨越的差距。中国有一个大型的与政府相关的物流和采购联合会。东盟国家拥有协商机构来制定和完善国家战略。2013年，摩洛哥成立了一个专门机构，以促进物流部门的发展。荷兰私营部门、学术界和政府机构的合作伙伴共同出资制定战略，促进创新，整合知识和数据，促进投资。①

① http：//www. dinalog. org.

另一个问题是物流作为经济部门的法律和监管地位。物流包含特定的活动，由于其足迹而产生新的关注，并带来新的服务类型。非常具体的物流规定被用于服务、货物运输、设施和资产。但是传统的运输、商业、城市和财政条款很少将物流视为一种活动或服务。许多拥有新兴现代物流部门的国家正在推动一项框架法，例如希腊和摩洛哥以明确物流的地位，并提高与其他监管领域的一致性。尽管经验有限，但应仔细评估框架法律文书。

数据为改革提供信息

数据对于激励、设计和监控政策变化是必不可少的。在亚洲、欧洲和拉丁美洲实施的物流观测站通常依赖于国家调查和基于现有数据的几个关键绩效指标的维护。[①]

自2007年版《联结以竞争》以来，最大的变化之一是具体国家的物流数据从稀缺到丰富的巨大转变。供应链处理的自动化、追踪与追溯几乎在全球范围内普及，提供了关于物流的微观数据。这些数据不仅可以用于评估国际网关和走廊，还可以用于评估国家内部的供应链连接。

将单一的大量原始数据转换为相关的面向决策的指示板是一个重大的技术和组织挑战，迄今为止也经验有限，而且几乎没有既定的方法或指南。不过不包括南非和加拿大，因为它们有基于内部物流网络的微观物流数据的性能监测系统。[②] 芬兰的大型两年期全国物流调查是在公共领域进行的。[③]

与物流绩效较低的经济体相比，较发达的经济体需要处理更广泛的政策，以解决国内供应链的绩效和外部性问题。表3.1总结了物流优先级与物流绩效之间的关系。

表3.1　　LPI绩效五分区与物流优先级的相互作用

	最低绩效	第四个	第三个	第二个	最高绩效
交通基础设施	•••	•••	••	••	••
贸易及运输便利化	•••	•••	••	•	•
服务市场与法规	••	•••	•••	•	•
技能	••	•••	•••	•••	•
绿色物流	•	•	••	••	•••
城市物流	•	••	•••	•••	•••
空间规划	•	•	••	••	••
弹性	••	••	••	••	••
专职物流机构	•	•	•••	•••	••
特定的法律框架	•	•	••	••	•
国家数据系统	••	••	•••	•••	•••

注：••• 很重要，•• 重要，• 不太重要。

① ITF 2016.

② 阿维斯等人，2016年。

③ http：//Bogig. Uut. Fi/LogISTIKIKASELVITYS/E/225 -2/.

参考文献

Al-Futaisi, H. E. Dr. Ahmed Mohammed Salem. 2015. *Sultanate of Oman Logistics Strategy 2040.* Muscat, Oman: Ministry of Transport and Communications.

Arki, B. 2012. "Turning the Right Corner to Low-Carbon Transport." *World Bank Feature Story*, September 27.

Arvis, Jean-François, and Ben Shepherd. 2013. "Global Connectivity and Export Performance." *Economic Premise* 111: 1–4.

Arvis, Jean-François, Ben Shepherd, Yann Duval, and Chorthip Utoktham. 2013. "Trade Costs and Development: A New Data Set." *Economic Premise* 104: 1–4.

Arvis, Jean-François, Daniel Saslavsky, Lauri Ojala, Ben Shepherd, Christina Busch, and Anasuya Raj. 2014. *Connecting to Compete 2014: Trade Logistics in the Global Economy.* Washington, DC: World Bank.

Arvis, Jean-François, Daniel Saslavsky, Lauri Ojala, Ben Shepherd, Christina Busch, Anasuya Raj, and Tapio Naula. 2016. *Connecting to Compete 2016: Trade Logistics in the Global Economy.* Washington, DC: World Bank.

Arvis, Jean-François, Gaël Raballand, and Jean-François Marteau. 2010. *The Cost of Being Landlocked: Logistics Costs and Supply Chain Reliability.* Washington, DC: World Bank.

Arvis, Jean-François, Monica Alina Mustra, John Panzer, Lauri Ojala, and Tapio Naula. 2007. *Connecting to Compete 2007: Trade Logistics in the Global Economy.* Washington, DC: World Bank.

Arvis, Jean-François, Monica Alina Mustra, Lauri Ojala, Ben Shepherd, and Daniel Saslavsky. 2010. *Connecting to Compete 2010: Trade Logistics in the Global Economy.* Washington, DC: World Bank.

———. 2012. *Connecting to Compete 2012: Trade Logistics in the Global Economy.* Washington, DC: World Bank.

Boston Consulting Group. 2016. *Transportation and Logistics in a Changing World: The Journey Back to Profitable Growth.* Boston: Boston Consulting Group.

Carruthers, Robin, and Charles Kunaka. 2014. *Trade and Transport Corridor Management Toolkit.* Washington, DC: World Bank.

CIA (Central Intelligence Agency). 2017. *World Factbook: Togo.* Washington, DC: CIA.

European Commission DG (Directorate-General) Environment News Alert Service. 2017. *Science for Environment Policy Newsletter* 494. Edited by the Science Communication Unit, The University of the West of England, Bristol.

Flöthmann, Christoph, and Kai Hoberg. 2017. "Career Patterns of Supply Chain Executives: An Optimal Matching Analysis." *Journal of Business Logistics* 38 (1): 35–54.

Gronholt-Pedersen, J. 2017. "Maersk Says Global IT Breakdown Caused by Cyber-Attack." *Reuters*, June 27. https://www.reuters.com/article/us-cyber-attack-maersk/maersk-says-global-it-breakdown-caused-by-cyber-attack-idUSKBN19I1NO.

Hoberg, Kai, Knut Alicke, Christoph Flöthmann, and Johan Lundin. 2014. "The DNA of Supply Chain Executives." *Supply Chain Management Review* 18 (6): 36–43.

IAPH (International Association of Ports and Harbors). 2018. "World Ports Sustainability Program." Tokyo: IAPH.

ICAO (International Civil Aviation Organization). n.d. "ICAO and the United Nations Sustainable Development Goals." Montreal: ICAO. https://www.icao.int/about-icao/aviation-development/Pages/SDG.aspx.

IEA (International Energy Agency). 2017a. *The Future of Trucks: Implications for energy and the environment.* Paris: IEA. https://www.iea.org/publications/freepublications/publication/TheFutureofTrucksImplicationsforEnergyandtheEnvironment.pdf.

———. 2017b. *Global EV Outlook 2017: Two million and counting.* Paris: IEA. https://www.iea.org/publications/freepublications/publication/GlobalEVOutlook2017.pdf.

IMO (International Maritime Organization). 2018. "UN Body Adopts Climate Change Strategy for Shipping." Press Briefing, April 13. http://www.imo.org/en/MediaCentre/PressBriefings/Pages/06GHGinitialstrategy.aspx.

IRU (World Road Transport Organization). 2017. "Road Transport Is a Key Driver of the UN's Sustainable Development Goals." Press Release, August 2. https://www.iru.org/resources/newsroom/road-transport-key-driver-uns-sustainable-development-goals.

ITF (International Transport Forum). 2014. "Building Supply Chain Resilience: A Review of Challenges and Strategies." Discussion Paper 2014–06, ITF, Paris. https://www.itf-oecd.org/building-supply-chain-resilience-review-challenges-and-strategies.

———. 2016a. *The Carbon Footprint of Global Trade.* Paris: ITF. https://www.itf-oecd.org/sites/default/files/docs/cop-pdf-06.pdf.

———. 2016b. "Decarbonising Transport Project." Paris: ITF. https://www.itf-oecd.org/decarbonising-transport.

McKinnon, Alan. 2018. *Decarbonizing Logistics: Distributing Goods in a Low Carbon World.* London: Kogan Page.

McKinnon, Alan, Christoph Flöthmann, Kai Hoberg, and Christina Busch. 2017. *Logistics Competencies, Skills, and Training: A Global Overview.* World Bank Studies. Washington, DC: World Bank.

McKinnon, Alan, Sharon Cullinane, Michael Browne, and Anthony Whiteing, eds. 2010. *Green Logistics: Improving the Environmental Sustainability of Logistics.* London: Kogan Page.

Mustra, Monica Alina, Jean François Arvis, John Arnold, Robin Carruthers, and Daniel Saslavsky. 2010. *Trade and Transport Facilitation Assessment.* Washington, DC: World Bank.

Shepherd, Ben. 2013. *Aid for Trade and Value Chains in Transport and Logistics.* Geneva and Paris: World Trade Organization and Organisation for Economic Co-operation and Development.

———. Forthcoming. "Improving Logistics Performance: From the Structural Gravity Model to Global Trade Implications." Working Paper, Developing Trade Consultants, New York.

UNCTAD (United Nations Conference on Trade and Development). 2010. "A Comparison of the LPI and the LSCI." *Transport Newsletter* 46: 7–8. http://archive.unctad.org/en/docs/webdtltlb20103_en.pdf. Accessed January 2012.

———. 2015. *Review of Maritime Transport 2015.* Geneva: UNCTAD.

———. 2017. Liner Shipping Connectivity Index, 2004–2017 (database). Geneva: UNCTAD.

UNDESA (United Nations Department of Economic and Social Affairs). 2018. UN Sustainable Development Knowledge Platform (database). New York: UNDESA. https://sustainabledevelopment.un.org.

WEF (World Economic Forum). 2017. *Supply Chain and Transport Briefing.* Geneva: WEF.

World Bank. 2012. *Turning the Right Corner: Ensuring Development through a Low-Carbon Transport Sector.* Washington, DC: World Bank.

———. **2013.** *Improving Trade and Transport for Landlocked Developing Countries: World Bank Contributions to Implementing the Almaty Programme of Action.* Washington, DC: World Bank.

———. **2017a.** *Climate Vulnerability Assessment: Making Fiji Climate Resilient.* Washington, DC: World Bank. http://documents.worldbank.org/curated/en/163081509454340771/Climate-vulnerability-assessment-making-Fiji-climate-resilient.

———. **2017b.** "Logistics Competences, Skills and Training: An Assessment Toolkit." Working Paper, World Bank, Washington, DC.

World Bank and UNESCAP (Economic and Social Commission for Asia and the Pacific). 2018. International Trade Costs (database). Washington, DC: World Bank. http://databank.worldbank.org/data/reports.aspx?source=escap-world-bank-international-trade-costs.

附录1　四个版本的国际 LPI 汇总结果（2012 年、2014 年、2016 年和 2018 年）

经济体	平均 LPI 排名	平均 LPI 评分	占最佳绩效国家（地区）的百分比（%）	海关		基础设施		国际货运		物流质量与竞争力		追踪与追溯		及时性		缺失值
				排名	评分	排名	评分	排名	评分	排名	评分	排名	评分	排名	评分	
德国	1	4. 19	100. 0	1	4. 09	1	4. 38	4	3. 83	1	4. 26	1	4. 22	1	4. 40	
荷兰	2	4. 07	97. 2	3	3. 97	2	4. 23	6	3. 76	2	4. 12	7	4. 08	6	4. 30	
瑞典	3	4. 07	97. 2	4	3. 95	3	4. 22	2	3. 88	5	4. 04	11	4. 02	4	4. 32	
比利时	4	4. 05	96. 9	13	3. 74	10	4. 03	1	3. 97	3	4. 10	4	4. 11	2	4. 40	
新加坡	5	4. 05	96. 6	2	4. 00	5	4. 14	8	3. 72	4	4. 08	8	4. 05	3	4. 34	
英国	6	4. 01	95. 7	8	3. 85	7	4. 09	10	3. 69	7	4. 04	5	4. 10	5	4. 32	
日本	7	3. 99	95. 3	5	3. 91	4	4. 19	14	3. 61	8	4. 03	9	4. 03	9	4. 24	
奥地利	8	3. 99	95. 2	14	3. 71	8	4. 07	5	3. 78	6	4. 04	2	4. 13	11	4. 22	
中国香港	9	3. 96	94. 6	9	3. 85	11	4. 02	3	3. 85	10	3. 94	13	3. 95	13	4. 18	
美国	10	3. 92	93. 7	11	3. 76	6	4. 10	23	3. 54	11	3. 93	3	4. 13	16	4. 14	
丹麦	11	3. 92	93. 6	7	3. 88	17	3. 89	16	3. 59	9	3. 98	14	3. 94	8	4. 26	
芬兰	12	3. 92	93. 5	6	3. 89	14	3. 95	21	3. 56	14	3. 88	6	4. 10	15	4. 17	
瑞士	13	3. 91	93. 4	12	3. 75	9	4. 07	20	3. 57	12	3. 92	10	4. 02	12	4. 20	
阿拉伯联合酋长国	14	3. 89	92. 8	17	3. 66	13	3. 98	7	3. 76	16	3. 83	16	3. 89	10	4. 23	
法国	15	3. 86	92. 2	18	3. 63	12	4. 00	15	3. 60	17	3. 82	12	3. 99	14	4. 17	
卢森堡	16	3. 84	91. 8	16	3. 67	18	3. 84	11	3. 68	15	3. 83	22	3. 78	7	4. 27	
加拿大	17	3. 81	90. 9	15	3. 70	16	3. 91	28	3. 45	13	3. 90	15	3. 91	21	4. 03	

续 表

经济体	平均 LPI 排名	平均 LPI 评分	占最佳绩效国家（地区）的百分比（%）	海关		基础设施		国际货运		物流质量与竞争力		追踪与追溯		及时性		缺失值
				排名	评分	排名	评分	排名	评分	排名	评分	排名	评分	排名	评分	
西班牙	18	3.78	90.3	21	3.57	22	3.79	9	3.72	18	3.78	21	3.78	19	4.04	
澳大利亚	19	3.77	90.0	10	3.76	15	3.92	31	3.40	19	3.76	19	3.83	22	4.00	
挪威	20	3.74	89.3	19	3.62	19	3.84	27	3.48	20	3.75	18	3.83	25	3.96	
意大利	21	3.73	89.2	23	3.44	20	3.82	22	3.55	23	3.68	17	3.84	18	4.09	
新西兰	22	3.68	88.0	20	3.58	21	3.79	36	3.27	21	3.69	24	3.73	17	4.10	
韩国	23	3.65	87.3	24	3.43	23	3.75	29	3.43	26	3.63	23	3.75	24	3.96	
中国台湾	24	3.65	87.2	25	3.42	25	3.67	24	3.54	24	3.68	27	3.67	27	3.93	
爱尔兰	25	3.63	86.8	22	3.45	26	3.50	25	3.53	22	3.69	20	3.79	30	3.85	
捷克	26	3.62	86.4	26	3.34	29	3.38	12	3.65	25	3.65	26	3.68	23	3.98	
中国	27	3.60	86.1	30	3.28	24	3.73	18	3.57	27	3.58	28	3.63	29	3.86	
葡萄牙	28	3.56	85.1	32	3.24	35	3.23	17	3.59	28	3.54	25	3.69	20	4.03	
南非	29	3.51	83.8	29	3.29	28	3.39	26	3.53	33	3.42	30	3.56	31	3.85	
卡塔尔	30	3.50	83.7	35	3.18	27	3.43	13	3.62	31	3.46	31	3.53	34	3.78	
波兰	31	3.50	83.5	31	3.26	40	3.17	19	3.57	29	3.49	33	3.49	26	3.94	
匈牙利	32	3.41	81.5	36	3.18	32	3.31	35	3.29	36	3.27	29	3.61	32	3.82	
以色列	33	3.39	81.0	27	3.32	31	3.33	61	2.93	32	3.44	32	3.50	28	3.89	2012
泰国	34	3.36	80.2	37	3.13	41	3.17	32	3.40	35	3.29	35	3.38	36	3.75	
马来西亚	35	3.34	79.9	38	3.06	33	3.30	30	3.43	34	3.34	38	3.32	46	3.60	
爱沙尼亚	36	3.30	78.8	28	3.30	43	3.13	41	3.19	42	3.15	46	3.20	33	3.80	
土耳其	37	3.29	78.6	47	2.94	30	3.36	40	3.19	37	3.23	36	3.37	39	3.68	

续　表

经济体	平均 LPI 排名	平均 LPI 评分	占最佳绩效国家（地区）的百分比（%）	海关		基础设施		国际货运		物流质量与竞争力		追踪与追溯		及时性		缺失值
				排名	评分	排名	评分	排名	评分	排名	评分	排名	评分	排名	评分	
冰岛	38	3. 29	78. 6	40	3. 02	39	3. 18	55	3. 00	30	3. 48	34	3. 38	38	3. 72	
斯洛文尼亚	39	3. 29	78. 5	34	3. 21	34	3. 25	44	3. 16	41	3. 17	40	3. 30	41	3. 65	
智利	40	3. 28	78. 4	33	3. 23	45	3. 09	37	3. 24	47	3. 09	39	3. 30	37	3. 73	
巴拿马	41	3. 26	77. 8	44	2. 95	42	3. 14	33	3. 35	38	3. 20	43	3. 25	42	3. 63	
印度	42	3. 22	77. 0	43	2. 97	48	3. 01	38	3. 24	39	3. 18	37	3. 33	50	3. 57	
立陶宛	43	3. 20	76. 4	41	3. 02	49	3. 00	54	3. 03	45	3. 10	42	3. 25	35	3. 78	
希腊	44	3. 19	76. 2	49	2. 88	36	3. 19	48	3. 13	52	3. 02	41	3. 25	40	3. 67	
越南	45	3. 16	75. 5	51	2. 86	54	2. 92	45	3. 15	40	3. 17	44	3. 23	47	3. 60	
阿曼	46	3. 16	75. 5	52	2. 82	37	3. 18	34	3. 29	50	3. 06	60	2. 96	44	3. 61	
斯洛伐克	47	3. 14	75. 0	46	2. 94	44	3. 09	42	3. 19	43	3. 13	57	3. 02	54	3. 45	
克罗地亚	48	3. 12	74. 4	42	3. 01	47	3. 02	56	2. 99	44	3. 10	55	3. 08	51	3. 51	
塞浦路斯	49	3. 10	74. 0	39	3. 04	53	2. 94	53	3. 04	58	2. 93	59	2. 98	43	3. 62	
罗马尼亚	50	3. 10	74. 0	58	2. 73	58	2. 86	46	3. 15	53	3. 01	48	3. 19	45	3. 61	
印度尼西亚	51	3. 08	73. 6	62	2. 69	61	2. 81	51	3. 08	48	3. 07	45	3. 23	49	3. 59	
沙特阿拉伯	52	3. 08	73. 6	60	2. 70	38	3. 18	52	3. 05	57	2. 94	47	3. 19	56	3. 43	
墨西哥	53	3. 08	73. 6	54	2. 78	56	2. 90	50	3. 09	49	3. 06	51	3. 14	52	3. 49	
巴林	54	3. 06	73. 2	50	2. 88	57	2. 89	49	3. 09	51	3. 03	50	3. 16	66	3. 31	
拉脱维亚	55	3. 02	72. 3	48	2. 93	46	3. 03	57	2. 97	59	2. 92	56	3. 06	69	3. 25	
巴西	56	3. 02	72. 1	85	2. 52	51	2. 99	65	2. 89	46	3. 10	49	3. 17	53	3. 47	
保加利亚	57	3. 00	71. 7	55	2. 77	64	2. 71	43	3. 16	54	2. 96	63	2. 93	57	3. 43	

续　表

经济体	平均LPI排名	平均LPI评分	占最佳绩效国家（地区）的百分比（%）	海关		基础设施		国际货运		物流质量与竞争力		追踪与追溯		及时性		缺失值
				排名	评分	排名	评分	排名	评分	排名	评分	排名	评分	排名	评分	
博茨瓦纳	58	2.96	70.7	45	2.95	59	2.85	73	2.82	75	2.71	77	2.81	48	3.60	2018
科威特	59	2.96	70.6	57	2.75	50	3.00	62	2.91	63	2.81	66	2.88	59	3.39	
埃及	60	2.95	70.5	65	2.67	55	2.91	59	2.94	55	2.95	64	2.91	67	3.30	
马耳他	61	2.94	70.3	56	2.77	52	2.95	64	2.91	61	2.85	61	2.95	71	3.24	
阿根廷	62	2.93	70.0	90	2.49	60	2.81	63	2.91	62	2.82	52	3.13	58	3.41	
肯尼亚	63	2.93	69.9	67	2.66	67	2.68	70	2.86	60	2.88	53	3.11	61	3.35	
菲律宾	64	2.91	69.6	70	2.62	71	2.67	39	3.20	64	2.80	58	3.01	83	3.11	
卢旺达	65	2.90	69.3	64	2.68	76	2.60	47	3.14	69	2.77	73	2.83	64	3.31	
科特迪瓦	66	2.89	69.0	68	2.66	69	2.67	58	2.96	56	2.95	62	2.95	85	3.11	
坦桑尼亚	67	2.88	68.8	69	2.66	63	2.72	66	2.89	65	2.80	69	2.85	62	3.34	2018
塞尔维亚	68	2.83	67.7	82	2.53	78	2.59	67	2.89	68	2.78	68	2.86	63	3.32	
乌克兰	69	2.83	67.5	95	2.46	105	2.38	81	2.77	70	2.76	54	3.08	55	3.45	
厄瓜多尔	70	2.82	67.4	63	2.69	74	2.62	72	2.82	77	2.70	67	2.87	75	3.22	
哥伦比亚	71	2.81	67.1	89	2.50	81	2.58	60	2.93	66	2.79	70	2.84	80	3.14	
乌干达	72	2.79	66.7	53	2.78	96	2.45	74	2.82	78	2.70	86	2.69	68	3.27	2012，2014
文莱	73	2.78	66.5	61	2.70	77	2.59	84	2.74	84	2.64	75	2.82	78	3.18	2012，2014
秘鲁	74	2.78	66.5	74	2.59	91	2.46	68	2.88	87	2.62	85	2.72	60	3.36	
乌拉圭	75	2.78	66.4	73	2.60	82	2.57	80	2.78	67	2.79	74	2.83	91	3.10	
约旦	76	2.78	66.3	87	2.51	65	2.70	86	2.74	83	2.67	79	2.79	70	3.24	
哈萨克斯坦	77	2.77	66.2	78	2.57	79	2.59	87	2.73	89	2.60	78	2.81	65	3.31	

续 表

经济体	平均 LPI 排名	平均 LPI 评分	占最佳绩效国家（地区）的百分比（%）	海关		基础设施		国际货运		物流质量与竞争力		追踪与追溯		及时性		缺失值
				排名	评分	排名	评分	排名	评分	排名	评分	排名	评分	排名	评分	
波斯尼亚和黑塞哥维那	78	2. 76	65. 8	71	2. 62	85	2. 52	89	2. 70	74	2. 73	82	2. 75	77	3. 20	
哥斯达黎加	79	2. 74	65. 4	88	2. 50	97	2. 45	77	2. 79	81	2. 67	65	2. 88	92	3. 09	
纳米比亚	80	2. 73	65. 1	72	2. 60	62	2. 74	93	2. 68	86	2. 64	107	2. 55	81	3. 14	2018
伊朗	81	2. 71	64. 8	96	2. 46	70	2. 67	94	2. 68	72	2. 76	95	2. 63	95	3. 07	2014
黎巴嫩	82	2. 71	64. 7	98	2. 45	75	2. 61	82	2. 77	103	2. 52	72	2. 83	98	3. 05	
巴拉圭	83	2. 70	64. 6	80	2. 53	87	2. 50	101	2. 66	76	2. 70	105	2. 56	73	3. 23	
马拉维	84	2. 69	64. 3	76	2. 58	83	2. 56	103	2. 61	71	2. 76	92	2. 65	105	2. 99	2016
俄罗斯	85	2. 69	64. 2	131	2. 25	73	2. 64	105	2. 59	73	2. 74	88	2. 67	74	3. 23	
多米尼加	86	2. 68	64. 1	102	2. 43	102	2. 39	83	2. 77	93	2. 59	71	2. 84	99	3. 03	
摩洛哥	87	2. 67	63. 8	114	2. 36	80	2. 58	75	2. 80	92	2. 59	104	2. 57	93	3. 09	2014
萨尔瓦多	88	2. 66	63. 6	105	2. 40	113	2. 31	76	2. 79	82	2. 67	94	2. 63	88	3. 10	
柬埔寨	89	2. 66	63. 5	94	2. 47	120	2. 26	69	2. 87	106	2. 50	93	2. 64	82	3. 13	
巴哈马	90	2. 65	63. 3	59	2. 72	84	2. 56	100	2. 66	105	2. 51	102	2. 58	118	2. 87	
毛里求斯	91	2. 65	63. 3	86	2. 51	68	2. 68	137	2. 35	79	2. 69	84	2. 72	106	2. 98	2016
斯里兰卡	92	2. 65	63. 2	77	2. 57	104	2. 39	108	2. 57	85	2. 64	81	2. 77	113	2. 93	2016
贝宁	93	2. 65	63. 2	93	2. 48	94	2. 45	98	2. 66	107	2. 50	101	2. 58	79	3. 17	
黑山共和国	94	2. 65	63. 2	91	2. 49	93	2. 46	92	2. 68	97	2. 55	108	2. 55	84	3. 11	
巴基斯坦	95	2. 64	62. 9	104	2. 41	100	2. 43	79	2. 79	80	2. 69	112	2. 52	112	2. 93	
布基纳法索	96	2. 63	62. 9	101	2. 44	89	2. 48	78	2. 79	96	2. 56	126	2. 42	97	3. 06	

续　表

经济体	平均 LPI 排名	平均 LPI 评分	占最佳绩效国家（地区）的百分比（%）	海关		基础设施		国际货运		物流质量与竞争力		追踪与追溯		及时性		缺失值
				排名	评分	排名	评分	排名	评分	排名	评分	排名	评分	排名	评分	
马尔代夫	97	2. 63	62. 8	97	2. 46	72	2. 64	104	2. 59	115	2. 42	103	2. 57	96	3. 07	
阿尔巴尼亚	98	2. 62	62. 5	118	2. 33	123	2. 24	85	2. 74	95	2. 56	111	2. 52	72	3. 24	2014
马其顿共和国	99	2. 62	62. 5	115	2. 36	86	2. 51	96	2. 66	90	2. 60	113	2. 52	100	3. 01	
孟加拉国	100	2. 60	62. 0	120	2. 33	109	2. 36	99	2. 66	94	2. 56	89	2. 67	108	2. 97	2012
加纳	101	2. 60	62. 0	103	2. 41	92	2. 46	102	2. 63	104	2. 51	100	2. 58	109	2. 95	
莫桑比克	102	2. 59	61. 9	100	2. 45	130	2. 22	71	2. 86	120	2. 38	96	2. 62	107	2. 98	2012，2018
尼日利亚	103	2. 59	61. 8	145	2. 15	88	2. 50	118	2. 52	100	2. 54	83	2. 73	86	3. 10	
突尼斯	104	2. 59	61. 8	130	2. 27	117	2. 27	115	2. 53	113	2. 45	80	2. 78	76	3. 20	
圣多美和普林西比	105	2. 56	61. 3	83	2. 52	114	2. 30	130	2. 44	99	2. 55	80	2. 66	116	2. 90	
洪都拉斯	106	2. 56	61. 2	123	2. 30	112	2. 32	97	2. 66	91	2. 60	97	2. 61	121	2. 85	
阿尔及利亚	107	2. 56	61. 1	127	2. 28	95	2. 45	113	2. 54	101	2. 63	91	2. 65	117	2. 89	
尼加拉瓜	108	2. 56	61. 0	84	2. 52	99	2. 44	111	2. 54	98	2. 55	115	2. 49	129	2. 77	2012，2018
马里	109	2. 55	60. 9	136	2. 22	116	2. 28	95	2. 66	117	2. 40	76	2. 81	119	2. 87	2012
白俄罗斯	110	2. 54	60. 6	126	2. 29	103	2. 39	124	2. 47	102	2. 53	124	2. 44	87	3. 10	
牙买加	111	2. 52	60. 3	99	2. 45	106	2. 36	114	2. 53	110	2. 48	120	2. 48	123	2. 81	
所罗门群岛	112	2. 52	60. 2	66	2. 66	125	2. 23	151	2. 24	88	2. 61	131	2. 37	102	3. 00	
摩尔多瓦	113	2. 52	60. 1	122	2. 31	131	2. 21	90	2. 69	123	2. 36	133	2. 36	90	3. 10	
科摩罗	114	2. 51	60. 1	75	2. 58	119	2. 27	123	2. 47	129	2. 32	87	2. 67	132	2. 74	
危地马拉	115	2. 51	59. 9	116	2. 35	118	2. 27	126	2. 46	125	2. 35	117	2. 49	89	3. 10	
亚美尼亚	116	2. 51	59. 9	107	2. 39	101	2. 39	110	2. 55	112	2. 45	128	2. 38	122	2. 84	

续 表

经济体	平均 LPI 排名	平均 LPI 评分	占最佳绩效国家（地区）的百分比（%）	海关		基础设施		国际货运		物流质量与竞争力		追踪与追溯		及时性		缺失值
				排名	评分	排名	评分	排名	评分	排名	评分	排名	评分	排名	评分	
乌兹别克斯坦	117	2.50	59.7	147	2.13	98	2.44	134	2.38	109	2.49	110	2.54	101	3.01	
赞比亚	118	2.49	59.4	129	2.27	115	2.29	88	2.72	111	2.46	154	2.18	110	2.94	2012
多哥	119	2.48	59.4	119	2.33	127	2.23	106	2.58	130	2.29	114	2.50	111	2.93	
老挝	120	2.48	59.2	111	2.37	128	2.23	116	2.52	114	2.45	119	2.48	130	2.77	
尼泊尔	121	2.45	58.6	140	2.19	132	2.20	131	2.40	122	2.36	106	2.56	104	2.99	
圭亚那	122	2.45	58.6	92	2.48	134	2.17	138	2.35	121	2.36	109	2.55	127	2.79	
阿塞拜疆	123	2.45	58.5	81	2.53	66	2.69	109	2.56	153	2.14	153	2.18	146	2.62	2016，2018
格鲁吉亚	124	2.45	58.5	109	2.38	108	2.36	132	2.38	139	2.77	130	2.37	114	2.92	
喀麦隆	125	2.43	58.1	128	2.27	111	2.36	119	2.51	108	2.50	132	2.37	152	2.56	
吉布提	126	2.43	58.1	124	2.29	90	2.47	141	2.33	154	2.14	121	2.46	115	2.91	
特立尼达和多巴哥	127	2.41	57.5	106	2.40	107	2.36	127	2.46	134	2.28	142	2.27	139	2.65	2012，2014
几内亚比绍	128	2.40	57.4	138	2.21	160	1.94	117	2.52	131	2.29	98	2.60	124	2.80	
蒙古	129	2.40	57.3	132	2.25	142	2.12	128	2.45	145	2.23	149	2.21	94	3.07	
苏丹	130	2.40	57.3	148	2.13	139	2.14	121	2.49	116	2.41	122	2.45	134	2.73	
埃塞俄比亚	131	2.40	57.2	79	2.54	140	2.13	112	2.54	119	2.39	145	2.24	158	2.49	2018
吉尔吉斯共和国	132	2.38	57.0	110	2.38	126	2.23	157	2.20	147	2.21	116	2.49	126	2.79	
刚果共和国	133	2.38	56.7	151	2.07	141	2.12	107	2.58	142	2.25	129	2.38	125	2.80	
斐济	134	2.37	56.7	113	2.37	110	2.36	148	2.27	136	2.27	136	2.32	138	2.65	
委内瑞拉	135	2.37	56.5	160	1.94	124	2.24	120	2.49	128	2.32	123	2.44	133	2.74	
玻利维亚	136	2.36	56.5	134	2.24	138	2.16	122	2.48	146	2.21	140	2.29	131	2.75	

续　表

经济体	平均LPI排名	平均LPI评分	占最佳绩效国家（地区）的百分比（%）	海关		基础设施		国际货运		物流质量与竞争力		追踪与追溯		及时性		缺失值
				排名	评分	排名	评分	排名	评分	排名	评分	排名	评分	排名	评分	
马达加斯加	137	2.35	56.1	121	2.32	137	2.16	154	2.22	141	2.25	125	2.42	136	2.70	
冈比亚	138	2.34	56.0	149	2.08	161	1.90	91	2.68	144	2.23	118	2.48	150	2.60	2016
缅甸	139	2.34	55.9	137	2.21	145	2.11	155	2.22	133	2.28	135	2.33	120	2.86	
乍得	140	2.34	55.9	143	2.15	121	2.26	136	2.35	118	2.39	141	2.28	151	2.58	
塞内加尔	141	2.34	55.8	125	2.29	122	2.24	129	2.44	137	2.27	151	2.19	153	2.56	
土库曼斯坦	142	2.34	55.8	133	2.25	129	2.23	135	2.36	150	2.20	137	2.32	143	2.63	2012
刚果民主共和国	143	2.33	55.6	135	2.23	152	2.04	149	2.26	126	2.34	127	2.41	141	2.65	
巴布亚新几内亚	144	2.31	55.2	112	2.37	144	2.11	145	2.29	159	2.11	134	2.36	147	2.61	
几内亚	145	2.30	54.9	108	2.39	166	1.80	133	2.38	138	2.27	99	2.59	166	2.30	
利比里亚	146	2.29	54.7	153	2.04	150	2.06	156	2.22	143	2.24	157	2.15	103	2.99	
塔吉克斯坦	147	2.29	54.6	154	2.02	133	2.17	143	2.32	132	2.29	143	2.26	142	2.65	
尼日尔	148	2.29	54.6	146	2.14	146	2.10	146	2.28	140	2.26	139	2.29	145	2.62	
也门共和国	149	2.27	54.3	150	2.08	151	2.05	142	2.33	135	2.27	144	2.24	144	2.63	2016
中非共和国	150	2.26	54.0	117	2.35	135	2.17	150	2.25	156	2.13	150	2.21	161	2.46	2016
不丹	151	2.25	53.7	141	2.16	159	1.98	164	2.12	124	2.36	138	2.31	155	2.54	
古巴	152	2.23	53.4	144	2.15	148	2.09	144	2.30	151	2.20	155	2.18	160	2.46	
莱索托	153	2.22	53.0	139	2.20	153	2.02	162	2.14	158	2.12	148	2.22	149	2.60	
布隆迪	154	2.22	53.0	163	1.90	157	2.00	147	2.28	127	2.33	147	2.23	154	2.55	
利比亚	155	2.21	52.9	156	2.00	136	2.17	158	2.18	148	2.21	166	1.90	128	2.78	
赤道几内亚	156	2.21	52.7	158	1.99	164	1.82	125	2.46	160	2.11	158	2.14	137	2.66	

续 表

经济体	平均 LPI 排名	平均 LPI 评分	占最佳绩效国家（地区）的百分比（%）	海关		基础设施		国际货运		物流质量与竞争力		追踪与追溯		及时性		缺失值
				排名	评分	排名	评分	排名	评分	排名	评分	排名	评分	排名	评分	
毛里塔尼亚	157	2.20	52.5	142	2.16	147	2.09	161	2.15	162	2.06	156	2.18	156	2.54	
加蓬	158	2.19	52.3	157	1.99	149	2.07	153	2.23	155	2.13	163	2.06	148	2.61	
伊拉克	159	2.18	52.2	162	1.90	158	2.00	140	2.23	166	1.98	160	2.13	135	2.73	
安哥拉	160	2.18	52.1	166	1.79	156	2.01	139	2.33	157	2.13	159	2.14	150	2.65	
津巴布韦	161	2.17	51.8	155	2.01	155	2.01	163	2.13	149	2.20	152	2.19	162	2.45	
厄立特里亚	162	2.11	50.4	152	2.05	162	1.89	165	2.12	152	2.19	162	2.09	165	2.31	
阿拉伯叙利亚共和国	163	2.10	50.2	167	1.70	143	2.12	166	2.09	165	2.00	146	2.23	157	2.50	
塞拉利昂	164	2.06	49.3	164	1.82	154	2.02	160	2.15	167	1.96	161	2.10	164	2.31	2014
阿富汗	165	2.04	48.7	161	1.91	163	1.83	159	2.18	163	2.02	167	1.76	159	2.48	
海地	166	2.02	48.3	159	1.96	165	1.81	167	1.98	164	2.02	164	1.96	163	2.37	
索马里	167	2.00	47.7	165	1.81	167	1.69	152	2.24	161	2.07	165	1.94	167	2.18	2012

注释：LPI 指数是指对物流绩效的多维度评估，范围从 1（最差）~5（最好）。LPI 调查获得的六项核心要素由受访者进行打分，范围为 1~5，其中 1 表示非常低或非常困难，5 表示非常高或非常容易，但第 15 个问题例外，1 表示几乎没有，5 表示几乎总是。通过对 LPI 评分进行标准化得出的相对 LPI 评分：占最高绩效国家百分比 = 100 ×（LPI − 1）/（最高 LPI − 1），因此最高绩效国家的相对 LPI 评分最高，为 100%。

资料来源：2012 年、2014 年、2016 年、2018 年物流绩效指数。

计算国际 LPI 汇总的方法

在最近的四次 LPI 调查中，六个组成部分的得分被用来宏观地显示各国的物流绩效。这种方法减少了从一个 LPI 调查到另一个 LPI 调查的随机变化，使 167 个国家的比较具有可行性。每个项目的年度得分都被赋予权重：2012 年 6.7%，2014 年 13.3%，2016 年 26.7%，2018 年 53.3%。这样，最新数据的权重最高。

我们将 2018 年、2016 年、2014 年、2012 年的得分汇总如下。

首先，我们填充缺失值，根据：

如果缺少计分 14，则计分 14 ＝计分 12

如果缺少计分 16，则计分 16 ＝计分 14

如果缺少计分 18，则计分 18 ＝计分 16

然后：

如果计分 16 仍然缺少，则计分 16 ＝计分 18

如果计分 14 仍然缺少，则计分 14 ＝计分 16

如果计分 12 仍然缺少，则计分 12 ＝计分 14

如下表所示：

计分 18	计分 16	计分 14	计分 12
a1	a2	a3	.
b1	.	b3	.
.	c2	.	c4
.	.	d3	d4
e1	e2	.	.

注：. 为缺失值。

可以这样推断：

计分 18	计分 16	计分 14	计分 12
a1	a2	a3	a3
b1	b3	b3	b3
c2	c2	c4	c4
d3	d3	d3	d4
e1	e2	e2	e2

然后，我们用以下方法对这些值进行加权：

综合分数 = 8w × 计分 18 ＋ 4w × 计分 16 ＋ 2w × 计分 14 ＋ w × 计分 12

所以：w = 0.067，2w = 0.133，4w = 0.267，8w = 0.533。

注：w 为权重。

附录2　2018 年国际 LPI 结果（有界限）

经济体	LPI 排名			LPI 评分			占最佳绩效国家（地区）的百分比（%）	海关		基础设施		国际货运		物流质量与竞争力		追踪与追溯		及时性	
	排名	下限	上限	评分	下限	上限		排名	评分	排名	评分	排名	评分	排名	评分	排名	评分	排名	评分
德国	1	1	1	4.20	4.16	4.25	100.0	1	4.09	1	4.37	4	3.86	1	4.31	2	4.24	3	4.39
瑞典	2	2	12	4.05	3.90	4.20	95.4	2	4.05	3	4.24	2	3.92	10	3.98	17	3.88	7	4.28
比利时	3	2	12	4.04	3.92	4.16	94.9	14	3.66	14	3.98	1	3.99	2	4.13	9	4.05	1	4.41
奥地利	4	2	14	4.03	3.88	4.17	94.5	12	3.71	5	4.18	3	3.88	6	4.08	7	4.09	12	4.25
日本	5	2	10	4.03	3.96	4.09	94.5	3	3.99	2	4.25	14	3.59	4	4.09	10	4.05	10	4.25
荷兰	6	2	11	4.02	3.95	4.09	94.3	5	3.92	4	4.21	11	3.68	5	4.09	11	4.02	11	4.25
新加坡	7	2	15	4.00	3.86	4.13	93.6	6	3.89	6	4.06	15	3.58	3	4.10	8	4.08	6	4.32
丹麦	8	2	17	3.99	3.82	4.16	93.5	4	3.92	17	3.96	19	3.53	9	4.01	3	4.18	2	4.41
英国	9	3	11	3.99	3.93	4.05	93.3	11	3.77	8	4.03	13	3.67	7	4.05	4	4.11	5	4.33
芬兰	10	1	21	3.97	3.68	4.26	92.7	8	3.82	11	4.00	16	3.56	15	3.89	1	4.32	8	4.28
阿拉伯联合酋长国	11	2	15	3.96	3.86	4.05	92.3	15	3.63	10	4.02	5	3.85	13	3.92	13	3.96	4	4.38
中国香港	12	7	17	3.92	3.83	4.01	91.2	9	3.81	15	3.97	8	3.77	12	3.93	15	3.92	15	4.14
瑞士	13	7	17	3.90	3.80	4.00	90.6	16	3.63	9	4.02	20	3.51	11	3.97	5	4.10	13	4.24
美国	14	12	17	3.89	3.83	3.94	90.1	10	3.78	7	4.05	23	3.51	16	3.87	6	4.09	19	4.08
新西兰	15	2	23	3.88	3.63	4.12	89.8	13	3.71	13	3.99	27	3.43	8	4.02	16	3.92	9	4.26
法国	16	14	17	3.84	3.79	3.90	88.8	19	3.59	12	4.00	17	3.55	17	3.84	12	4.00	14	4.15

续　表

经济体	LPI 排名			LPI 评分			占最佳绩效国家（地区）的百分比（%）	海关		基础设施		国际货运		物流质量与竞争力		追踪与追溯		及时性	
	排名	下限	上限	评分	下限	上限		排名	评分	排名	评分	排名	评分	排名	评分	排名	评分	排名	评分
西班牙	17	12	18	3. 83	3. 74	3. 92	88. 4	17	3. 62	19	3. 84	6	3. 83	18	3. 80	19	3. 83	20	4. 06
澳大利亚	18	14	26	3. 75	3. 60	3. 90	85. 9	7	3. 87	16	3. 97	40	3. 25	21	3. 71	20	3. 82	21	3. 98
意大利	19	18	22	3. 74	3. 68	3. 80	85. 6	23	3. 47	18	3. 85	21	3. 51	24	3. 66	18	3. 85	17	4. 13
加拿大	20	14	27	3. 73	3. 56	3. 89	85. 2	18	3. 60	21	3. 75	30	3. 38	14	3. 90	21	3. 81	22	3. 96
挪威	21	12	30	3. 70	3. 45	3. 94	84. 2	21	3. 52	24	3. 69	26	3. 43	23	3. 69	14	3. 94	24	3. 94
捷克	22	17	28	3. 68	3. 53	3. 83	83. 7	30	3. 29	26	3. 46	10	3. 75	20	3. 72	24	3. 70	16	4. 13
葡萄牙	23	16	30	3. 64	3. 44	3. 85	82. 6	35	3. 17	32	3. 25	7	3. 83	22	3. 71	23	3. 72	18	4. 13
卢森堡	24	18	30	3. 63	3. 45	3. 81	82. 2	20	3. 53	25	3. 63	31	3. 37	19	3. 76	29	3. 61	26	3. 90
韩国	25	20	29	3. 61	3. 49	3. 74	81. 6	25	3. 40	22	3. 73	33	3. 33	28	3. 59	22	3. 75	25	3. 92
中国	26	23	27	3. 61	3. 55	3. 66	81. 4	31	3. 29	20	3. 75	18	3. 54	27	3. 59	27	3. 65	27	3. 84
中国台湾	27	18	31	3. 60	3. 42	3. 78	81. 2	22	3. 47	23	3. 72	24	3. 48	30	3. 57	25	3. 67	35	3. 72
波兰	28	20	33	3. 54	3. 35	3. 73	79. 3	33	3. 25	35	3. 21	12	3. 68	29	3. 58	31	3. 51	23	3. 95
爱尔兰	29	20	37	3. 51	3. 28	3. 74	78. 4	26	3. 36	29	3. 29	28	3. 42	26	3. 60	28	3. 62	33	3. 76
卡塔尔	30	19	41	3. 47	3. 21	3. 74	77. 3	38	3. 00	27	3. 38	9	3. 75	31	3. 42	30	3. 56	36	3. 70
匈牙利	31	28	39	3. 42	3. 25	3. 59	75. 6	27	3. 35	30	3. 27	43	3. 22	38	3. 21	26	3. 67	32	3. 79
泰国	32	29	37	3. 41	3. 29	3. 53	75. 3	36	3. 14	41	3. 14	25	3. 46	32	3. 41	33	3. 47	28	3. 81
南非	33	30	39	3. 38	3. 25	3. 51	74. 2	34	3. 17	36	3. 19	22	3. 51	39	3. 19	35	3. 41	34	3. 74
智利	34	31	41	3. 32	3. 21	3. 43	72. 4	32	3. 27	34	3. 21	38	3. 27	43	3. 13	44	3. 20	31	3. 80
斯洛文尼亚	35	28	49	3. 31	3. 08	3. 55	72. 3	24	3. 42	31	3. 26	47	3. 19	50	3. 05	40	3. 27	38	3. 70

续 表

经济体	LPI 排名			LPI 评分			占最佳绩效国家（地区）的百分比（%）	海关		基础设施		国际货运		物流质量与竞争力		追踪与追溯		及时性	
	排名	下限	上限	评分	下限	上限		排名	评分	排名	评分	排名	评分	排名	评分	排名	评分	排名	评分
爱沙尼亚	36	28	50	3. 31	3. 06	3. 56	72. 2	28	3. 32	44	3. 10	39	3. 26	40	3. 15	43	3. 21	30	3. 80
以色列	37	30	47	3. 31	3. 13	3. 49	72. 1	29	3. 32	28	3. 33	75	2. 78	34	3. 39	32	3. 50	48	3. 59
巴拿马	38	31	47	3. 28	3. 12	3. 43	71. 1	45	2. 87	42	3. 13	34	3. 31	35	3. 33	36	3. 40	46	3. 60
越南	39	31	48	3. 27	3. 11	3. 44	71. 0	41	2. 95	47	3. 01	49	3. 16	33	3. 40	34	3. 45	40	3. 67
冰岛	40	23	72	3. 23	2. 80	3. 65	69. 5	54	2. 77	37	3. 19	72	2. 79	25	3. 61	37	3. 35	37	3. 70
马来西亚	41	31	55	3. 22	3. 00	3. 44	69. 4	43	2. 90	40	3. 15	32	3. 35	36	3. 30	47	3. 15	53	3. 46
希腊	42	34	51	3. 20	3. 04	3. 37	68. 9	47	2. 84	38	3. 17	35	3. 30	48	3. 06	45	3. 18	42	3. 66
阿曼	43	31	59	3. 20	2. 93	3. 47	68. 6	44	2. 87	39	3. 16	36	3. 30	49	3. 05	66	2. 97	29	3. 80
印度	44	40	49	3. 18	3. 10	3. 26	68. 0	40	2. 96	52	2. 91	44	3. 21	42	3. 13	38	3. 32	52	3. 50
塞浦路斯	45	31	64	3. 15	2. 85	3. 45	67. 2	37	3. 05	55	2. 89	50	3. 15	53	3. 00	48	3. 15	45	3. 62
印度尼西亚	46	31	64	3. 15	2. 85	3. 45	67. 2	62	2. 67	54	2. 89	42	3. 23	44	3. 10	39	3. 30	41	3. 67
土耳其	47	40	51	3. 15	3. 05	3. 24	67. 0	58	2. 71	33	3. 21	53	3. 06	51	3. 05	42	3. 23	44	3. 63
罗马尼亚	48	40	55	3. 12	3. 01	3. 23	66. 2	80	2. 58	51	2. 91	48	3. 18	47	3. 07	41	3. 26	39	3. 68
克罗地亚	49	34	65	3. 10	2. 84	3. 37	65. 7	39	2. 98	46	3. 01	58	2. 93	45	3. 10	61	3. 01	47	3. 59
科特迪瓦	50	38	63	3. 08	2. 86	3. 30	65. 0	51	2. 78	56	2. 89	45	3. 21	37	3. 23	49	3. 14	71	3. 23
墨西哥	51	43	60	3. 05	2. 90	3. 20	64. 1	53	2. 77	57	2. 85	51	3. 10	52	3. 02	62	3. 00	49	3. 53
保加利亚	52	40	64	3. 03	2. 84	3. 23	63. 5	42	2. 94	64	2. 76	41	3. 23	55	2. 88	59	3. 02	65	3. 31
斯洛伐克	53	34	82	3. 03	2. 69	3. 36	63. 3	50	2. 79	48	3. 00	52	3. 10	41	3. 14	64	2. 99	86	3. 14
立陶宛	54	38	74	3. 02	2. 76	3. 28	63. 0	46	2. 85	66	2. 73	74	2. 79	54	2. 96	50	3. 12	43	3. 65

续 表

经济体	LPI 排名			LPI 评分			占最佳绩效国家（地区）的百分比（%）	海关		基础设施		国际货运		物流质量与竞争力		追踪与追溯		及时性	
	排名	下限	上限	评分	下限	上限		排名	评分	排名	评分	排名	评分	排名	评分	排名	评分	排名	评分
沙特阿拉伯	55	44	66	3.01	2.83	3.19	62.8	66	2.66	43	3.11	56	2.99	57	2.86	46	3.17	67	3.30
巴西	56	48	64	2.99	2.85	3.12	62.0	102	2.41	50	2.93	61	2.88	46	3.09	51	3.11	51	3.51
卢旺达	57	38	86	2.97	2.66	3.29	61.7	64	2.67	65	2.76	29	3.39	60	2.85	86	2.75	61	3.35
哥伦比亚	58	49	74	2.94	2.77	3.11	60.6	75	2.61	72	2.67	46	3.19	56	2.87	53	3.08	81	3.17
巴林	59	48	76	2.93	2.75	3.12	60.4	63	2.67	68	2.72	55	3.02	58	2.86	60	3.01	68	3.29
菲律宾	60	51	77	2.90	2.73	3.07	59.5	85	2.53	67	2.73	37	3.29	69	2.78	57	3.06	100	2.98
阿根廷	61	57	72	2.89	2.80	2.98	58.9	98	2.42	62	2.77	59	2.92	68	2.78	58	3.05	58	3.37
厄瓜多尔	62	52	79	2.88	2.72	3.05	58.8	48	2.80	69	2.72	80	2.75	70	2.75	55	3.07	75	3.19
科威特	63	44	108	2.86	2.54	3.18	58.1	56	2.73	45	3.02	98	2.63	67	2.80	96	2.66	59	3.37
伊朗	64	43	114	2.85	2.50	3.20	57.9	71	2.63	63	2.77	79	2.76	62	2.84	85	2.77	60	3.36
塞尔维亚	65	50	96	2.84	2.59	3.09	57.5	78	2.60	74	2.60	57	2.97	80	2.70	76	2.79	62	3.33
乌克兰	66	52	91	2.83	2.62	3.04	57.2	89	2.49	119	2.22	68	2.83	61	2.84	52	3.11	56	3.42
埃及	67	45	115	2.82	2.48	3.17	57.0	77	2.60	58	2.82	73	2.79	63	2.82	89	2.72	74	3.19
肯尼亚	68	55	91	2.81	2.62	3.01	56.7	67	2.65	79	2.55	99	2.62	64	2.81	56	3.07	79	3.18
马耳他	69	42	125	2.81	2.41	3.21	56.7	60	2.70	53	2.90	89	2.70	66	2.80	75	2.80	98	3.01
拉脱维亚	70	56	90	2.81	2.62	3.00	56.5	49	2.80	49	2.98	81	2.74	81	2.69	77	2.79	113	2.88
哈萨克斯坦	71	56	90	2.81	2.63	2.99	56.5	65	2.66	81	2.55	84	2.73	90	2.58	83	2.78	50	3.53
波斯尼亚和黑塞哥维那	72	56	91	2.81	2.62	3.00	56.5	69	2.63	97	2.42	66	2.84	65	2.80	70	2.89	72	3.21
哥斯达黎加	73	58	90	2.79	2.63	2.95	56.0	70	2.63	84	2.49	76	2.78	79	2.70	67	2.96	83	3.16

续 表

经济体	LPI 排名			LPI 评分			占最佳绩效国家（地区）的百分比（%）	海关		基础设施		国际货运		物流质量与竞争力		追踪与追溯		及时性	
	排名	下限	上限	评分	下限	上限		排名	评分	排名	评分	排名	评分	排名	评分	排名	评分	排名	评分
巴拉圭	74	56	98	2.78	2.58	2.99	55.7	68	2.64	80	2.55	91	2.69	76	2.72	101	2.61	55	3.45
俄罗斯	75	63	89	2.76	2.65	2.87	54.9	97	2.42	61	2.78	96	2.64	71	2.75	97	2.65	66	3.31
贝宁	76	58	109	2.75	2.54	2.96	54.7	82	2.56	83	2.50	83	2.73	98	2.50	87	2.75	57	3.42
黑山共和国	77	60	106	2.75	2.56	2.93	54.5	83	2.56	75	2.57	92	2.68	74	2.72	105	2.58	63	3.33
毛里求斯	78	55	116	2.73	2.45	3.01	54.1	59	2.70	59	2.80	151	2.12	59	2.86	63	3.00	99	3.00
黎巴嫩	79	56	119	2.72	2.43	3.00	53.6	106	2.38	73	2.64	70	2.80	104	2.47	74	2.80	77	3.18
文莱	80	60	114	2.71	2.51	2.91	53.3	73	2.62	89	2.46	113	2.51	77	2.71	88	2.75	80	3.17
马其顿	81	58	119	2.70	2.44	2.97	53.3	91	2.45	87	2.47	67	2.84	72	2.74	100	2.64	96	3.03
老挝	82	60	115	2.70	2.47	2.93	53.1	74	2.61	91	2.44	85	2.72	83	2.65	69	2.91	117	2.84
秘鲁	83	60	115	2.69	2.48	2.91	52.9	86	2.53	111	2.28	65	2.84	110	2.42	108	2.55	54	3.45
约旦	84	64	112	2.69	2.52	2.86	52.7	88	2.49	70	2.72	119	2.44	93	2.55	84	2.77	76	3.18
乌拉圭	85	63	114	2.69	2.50	2.87	52.6	87	2.51	94	2.43	82	2.73	78	2.71	82	2.78	109	2.91
马尔代夫	86	61	119	2.67	2.44	2.89	52.0	105	2.40	71	2.72	94	2.66	125	2.29	104	2.60	64	3.32
多米尼加共和国	87	66	115	2.66	2.49	2.84	51.9	103	2.41	105	2.36	77	2.77	108	2.44	65	2.97	101	2.98
阿尔巴尼亚	88	64	115	2.66	2.46	2.86	51.8	114	2.35	110	2.29	69	2.82	92	2.56	95	2.67	73	3.20
圣多美和普林西比	89	66	115	2.65	2.47	2.84	51.6	57	2.71	106	2.33	121	2.42	84	2.65	81	2.78	97	3.01
吉布提	90	61	130	2.63	2.37	2.90	51.1	113	2.35	60	2.79	118	2.45	135	2.25	72	2.85	85	3.15
布基纳法索	91	61	133	2.62	2.34	2.90	50.6	100	2.41	95	2.43	60	2.92	106	2.46	124	2.40	95	3.04
亚美尼亚	92	73	122	2.61	2.42	2.80	50.2	81	2.57	86	2.48	95	2.65	97	2.50	113	2.51	111	2.90

续 表

经济体	LPI 排名			LPI 评分			占最佳绩效国家（地区）的百分比（%）	海关		基础设施		国际货运		物流质量与竞争力		追踪与追溯		及时性	
	排名	下限	上限	评分	下限	上限		排名	评分	排名	评分	排名	评分	排名	评分	排名	评分	排名	评分
洪都拉斯	93	76	116	2.60	2.45	2.76	50.1	125	2.24	88	2.47	93	2.66	75	2.72	93	2.68	118	2.83
斯里兰卡	94	63	135	2.60	2.32	2.87	49.9	79	2.58	85	2.49	112	2.51	109	2.42	78	2.79	122	2.79
喀麦隆	95	73	129	2.60	2.38	2.81	49.8	90	2.46	76	2.57	63	2.87	87	2.60	118	2.47	142	2.57
马里	96	63	136	2.59	2.30	2.88	49.7	133	2.15	109	2.30	88	2.70	107	2.45	54	3.08	119	2.83
马拉维	97	61	138	2.59	2.28	2.89	49.5	94	2.43	126	2.18	105	2.55	82	2.68	94	2.67	102	2.97
柬埔寨	98	75	129	2.58	2.38	2.78	49.3	109	2.37	130	2.14	71	2.79	111	2.41	111	2.52	84	3.16
乌兹别克斯坦	99	75	129	2.58	2.38	2.77	49.3	140	2.10	77	2.57	120	2.42	88	2.59	90	2.71	91	3.09
孟加拉国	100	68	134	2.58	2.34	2.82	49.2	121	2.30	100	2.39	104	2.56	102	2.48	79	2.79	107	2.92
萨尔瓦多	101	82	118	2.58	2.45	2.70	49.2	120	2.30	114	2.25	86	2.71	91	2.56	117	2.47	90	3.10
乌干达	102	73	133	2.58	2.34	2.81	49.2	76	2.61	124	2.19	78	2.76	99	2.50	123	2.41	110	2.90
白俄罗斯	103	78	125	2.57	2.41	2.74	49.2	112	2.35	92	2.44	134	2.31	85	2.64	109	2.54	78	3.18
所罗门群岛	104	60	143	2.57	2.23	2.91	49.1	52	2.77	120	2.21	142	2.20	73	2.73	126	2.37	87	3.12
突尼斯	105	75	129	2.57	2.38	2.76	49.0	107	2.38	133	2.10	115	2.50	123	2.30	71	2.86	70	3.24
加纳	106	65	138	2.57	2.29	2.85	48.9	92	2.45	90	2.44	109	2.53	95	2.51	106	2.57	115	2.87
科摩罗	107	60	144	2.56	2.20	2.91	48.6	72	2.63	113	2.25	116	2.49	138	2.21	68	2.93	120	2.80
吉尔吉斯共和国	108	73	138	2.55	2.29	2.80	48.3	55	2.75	103	2.38	138	2.22	114	2.36	99	2.64	106	2.94
摩洛哥	109	79	133	2.54	2.35	2.73	48.1	115	2.33	93	2.43	103	2.58	101	2.49	112	2.51	114	2.88
尼日利亚	110	64	144	2.53	2.21	2.86	47.9	147	1.97	78	2.56	110	2.52	112	2.40	92	2.68	92	3.07
赞比亚	111	84	130	2.53	2.36	2.69	47.7	129	2.18	108	2.30	54	3.05	103	2.48	158	1.98	94	3.05

续 表

经济体	LPI 排名			LPI 评分			占最佳绩效国家（地区）的百分比（%）	海关		基础设施		国际货运		物流质量与竞争力		追踪与追溯		及时性	
	排名	下限	上限	评分	下限	上限		排名	评分	排名	评分	排名	评分	排名	评分	排名	评分	排名	评分
巴哈马群岛	112	85	130	2.53	2.37	2.69	47.6	61	2.68	98	2.41	114	2.50	130	2.27	110	2.52	125	2.75
牙买加	113	79	135	2.52	2.32	2.72	47.4	99	2.42	107	2.32	107	2.53	94	2.54	116	2.48	121	2.79
尼泊尔	114	77	138	2.51	2.28	2.75	47.3	122	2.29	123	2.19	129	2.36	105	2.46	98	2.65	89	3.10
刚果共和国	115	65	151	2.49	2.12	2.85	46.4	123	2.27	138	2.07	64	2.87	127	2.28	125	2.38	103	2.95
摩尔多瓦	116	92	137	2.46	2.30	2.62	45.5	124	2.25	141	2.02	90	2.69	122	2.30	142	2.21	82	3.17
阿尔及利亚	117	85	143	2.45	2.21	2.69	45.2	138	2.13	96	2.42	122	2.39	113	2.39	103	2.60	124	2.76
多哥	118	78	150	2.45	2.16	2.74	45.2	119	2.31	116	2.23	111	2.52	134	2.25	120	2.45	112	2.88
格鲁吉亚	119	84	146	2.44	2.19	2.69	45.1	95	2.42	102	2.38	124	2.38	132	2.26	139	2.26	105	2.95
刚果民主共和国	120	104	138	2.43	2.28	2.57	44.6	108	2.37	132	2.12	127	2.37	100	2.49	114	2.51	133	2.69
苏丹	121	91	141	2.43	2.23	2.62	44.6	136	2.14	125	2.18	102	2.58	96	2.51	115	2.51	139	2.62
巴基斯坦	122	98	140	2.42	2.26	2.58	44.3	139	2.12	121	2.20	97	2.63	89	2.59	136	2.27	136	2.66
乍得	123	75	156	2.42	2.07	2.76	44.3	134	2.15	104	2.37	125	2.37	86	2.62	127	2.37	138	2.62
特立尼达和多巴哥	124	93	143	2.42	2.22	2.61	44.2	96	2.42	101	2.38	101	2.59	129	2.27	135	2.27	144	2.53
危地马拉	125	93	143	2.41	2.22	2.61	44.2	132	2.16	122	2.20	130	2.33	136	2.25	122	2.42	88	3.11
土库曼斯坦	126	97	141	2.41	2.23	2.59	44.0	111	2.35	117	2.23	136	2.29	120	2.31	107	2.56	130	2.72
冈比亚	127	84	153	2.40	2.11	2.69	43.8	141	2.08	155	1.82	87	2.71	142	2.21	73	2.81	131	2.71
马达加斯加	128	97	146	2.39	2.19	2.59	43.4	118	2.32	128	2.16	146	2.19	118	2.33	102	2.61	128	2.73
几内亚比绍	129	86	153	2.39	2.11	2.67	43.3	144	2.01	159	1.78	108	2.53	126	2.28	80	2.78	116	2.86
蒙古	130	100	148	2.37	2.17	2.58	42.9	127	2.22	135	2.10	117	2.49	140	2.21	152	2.10	93	3.06

续 表

经济体	LPI 排名			LPI 评分			占最佳绩效国家（地区）的百分比（%）	海关		基础设施		国际货运		物流质量与竞争力		追踪与追溯		及时性	
	排名	下限	上限	评分	下限	上限		排名	评分	排名	评分	排名	评分	排名	评分	排名	评分	排名	评分
玻利维亚	131	113	146	2. 36	2. 19	2. 52	42. 4	117	2. 32	129	2. 15	106	2. 54	139	2. 21	148	2. 13	127	2. 74
圭亚那	132	114	145	2. 36	2. 20	2. 52	42. 4	84	2. 55	137	2. 09	148	2. 17	137	2. 24	121	2. 44	137	2. 65
斐济	133	94	154	2. 35	2. 10	2. 60	42. 4	101	2. 41	99	2. 40	149	2. 16	119	2. 31	132	2. 31	143	2. 54
塔吉克斯坦	134	108	151	2. 34	2. 12	2. 56	41. 8	150	1. 92	127	2. 17	133	2. 31	116	2. 33	131	2. 33	104	2. 95
毛利塔尼亚	135	108	153	2. 33	2. 11	2. 55	41. 6	128	2. 20	112	2. 26	145	2. 19	144	2. 19	119	2. 47	134	2. 68
赤道几内亚	136	82	160	2. 32	1. 93	2. 70	41. 2	151	1. 91	151	1. 88	62	2. 88	133	2. 25	149	2. 13	126	2. 75
缅甸	137	115	154	2. 30	2. 10	2. 50	40. 5	131	2. 17	143	1. 99	144	2. 20	128	2. 28	143	2. 20	108	2. 91
阿拉伯叙利亚共和国	138	115	155	2. 30	2. 08	2. 51	40. 5	154	1. 82	82	2. 51	126	2. 37	124	2. 29	128	2. 37	148	2. 44
莱索托	139	107	159	2. 28	1. 99	2. 56	39. 9	110	2. 36	145	1. 96	140	2. 21	154	2. 03	129	2. 37	132	2. 70
也门共和国	140	80	160	2. 27	1. 82	2. 71	39. 5	104	2. 40	131	2. 12	141	2. 21	131	2. 26	146	2. 16	151	2. 43
塞内加尔	141	115	159	2. 25	2. 01	2. 50	39. 1	130	2. 17	118	2. 22	128	2. 36	149	2. 11	150	2. 11	145	2. 52
委内瑞拉	142	130	156	2. 23	2. 08	2. 38	38. 4	156	1. 79	134	2. 10	123	2. 38	141	2. 21	133	2. 29	141	2. 58
利比里亚	143	115	159	2. 23	1. 97	2. 49	38. 4	152	1. 91	149	1. 91	155	2. 08	148	2. 14	155	2. 05	69	3. 25
索马里	144	117	159	2. 21	1. 97	2. 45	37. 8	145	2. 00	157	1. 81	100	2. 61	121	2. 30	140	2. 23	157	2. 20
几内亚	145	126	159	2. 20	1. 99	2. 41	37. 5	93	2. 45	160	1. 56	132	2. 32	152	2. 07	91	2. 70	160	2. 04
古巴	146	128	159	2. 20	2. 00	2. 39	37. 4	143	2. 03	139	2. 04	137	2. 27	143	2. 20	147	2. 15	147	2. 46
伊拉克	147	137	159	2. 18	2. 04	2. 31	36. 7	153	1. 84	140	2. 03	131	2. 32	159	1. 91	144	2. 19	129	2. 72
巴布新几内亚	148	128	159	2. 17	1. 95	2. 40	36. 7	116	2. 32	144	1. 97	150	2. 15	160	1. 88	138	2. 26	150	2. 44
不丹	149	129	159	2. 17	1. 95	2. 39	36. 5	135	2. 14	150	1. 91	160	1. 80	115	2. 35	130	2. 35	146	2. 49

续 表

经济体	LPI 排名			LPI 评分			占最佳绩效国家（地区）的百分比（%）	海关		基础设施		国际货运		物流质量与竞争力		追踪与追溯		及时性	
	排名	下限	上限	评分	下限	上限		排名	评分	排名	评分	排名	评分	排名	评分	排名	评分	排名	评分
加蓬	150	117	160	2.16	1.87	2.45	36.3	148	1.96	136	2.09	153	2.10	151	2.07	153	2.07	135	2.67
中非共和国	151	116	160	2.15	1.81	2.48	35.9	126	2.24	148	1.93	135	2.30	157	1.93	151	2.10	156	2.33
津巴布韦	152	128	160	2.12	1.84	2.40	35.0	146	2.00	154	1.83	156	2.06	147	2.16	137	2.26	152	2.39
海地	153	140	159	2.11	1.95	2.27	34.7	142	2.03	147	1.94	157	2.01	145	2.19	154	2.05	149	2.44
利比亚	154	136	160	2.11	1.89	2.32	34.6	149	1.95	115	2.25	159	1.99	153	2.05	160	1.64	123	2.77
厄立特里亚	155	130	160	2.09	1.79	2.38	34.0	137	2.13	152	1.86	154	2.09	146	2.17	145	2.17	159	2.08
塞拉利昂	156	137	160	2.08	1.85	2.31	33.7	155	1.82	156	1.82	147	2.18	156	2.00	134	2.27	154	2.34
尼日尔	157	116	160	2.07	1.66	2.48	33.4	157	1.77	142	2.00	158	2.00	150	2.10	141	2.22	155	2.33
布隆迪	158	139	160	2.06	1.85	2.28	33.2	159	1.69	146	1.95	139	2.21	117	2.33	156	2.01	158	2.17
安哥拉	159	142	160	2.05	1.85	2.25	32.7	160	1.57	153	1.86	143	2.20	155	2.00	157	2.00	140	2.59
阿富汗	160	155	160	1.95	1.79	2.11	29.6	158	1.73	158	1.81	152	2.10	158	1.92	159	1.70	153	2.38

注释：LPI 指数是指对物流绩效的多维度评估，范围从 1（最差）~5（最好）。LPI 调查获得的六项核心要素由受访者进行打分，范围为 1 ~ 5，其中 1 表示非常低或非常困难，5 表示非常高或非常容易，但第 15 个问题例外，1 表示几乎没有，5 表示几乎总是。通过对 LPI 评分进行标准化得出的相对 LPI 评分：占最高绩效国家百分比 = 100（LPI − 1）/（最高 LPI − 1），因此最高绩效国家相对 LPI 评分最高，为 100%。

资料来源：2018 年物流绩效指数。

附录3　国内LPI结果（分地区和收入组）

问题	回答类型	地区						收入组			
		东亚和太平洋地区	欧洲和中亚	拉丁美洲和加勒比海地区	中东和北非	南亚	撒哈拉以南非洲	低收入国家	中等偏低收入国家	中等偏高收入国家	高收入国家
第17问：费用和收费水平											
港口收费	高或非常高	35	53	60	47	56	65	71	63	39	35
	低或非常低	8	6	3	3	8	3	2	2	9	18
航空收费	高或非常高	30	59	54	34	61	60	64	59	40	35
	低或非常低	11	10	13	27	7	10	9	6	19	9
公路运输费用	高或非常高	39	31	69	15	63	44	51	53	36	25
	低或非常低	14	17	11	50	7	4	2	8	24	31
铁路运输费用	高或非常高	15	50	29	6	46	19	27	29	26	31
	低或非常低	28	17	15	71	8	21	11	30	24	17
仓储/转运服务费用	高或非常高	26	30	44	25	39	32	45	37	25	31
	低或非常低	23	20	4	40	14	4	2	8	23	32
代理费用	高或非常高	17	34	19	20	48	9	23	22	18	21
	低或非常低	32	23	21	33	24	18	18	19	29	25
第18问：基础设施质量											
港口	低或非常低	38	49	54	21	38	31	52	39	35	15
	高或非常高	33	14	26	70	18	45	26	26	42	66

续 表

问题	回答类型	地区						收入组			
		东亚和太平洋地区	欧洲和中亚	拉丁美洲和加勒比海地区	中东和北非	南亚	撒哈拉以南非洲	低收入国家	中等偏低收入国家	中等偏高收入国家	高收入国家
机场	低或非常低	22	21	37	10	61	35	60	31	16	9
	高或非常高	36	22	23	53	14	39	25	22	42	65
公路	低或非常低	30	43	50	11	75	42	62	42	33	14
	高或非常高	33	21	9	45	7	17	13	12	30	58
铁路	低或非常低	59	53	68	58	64	54	60	64	53	37
	高或非常高	10	20	0	12	10	13	3	6	19	34
仓储/转运设施	低或非常低	21	19	27	20	55	18	38	30	10	10
	高或非常高	33	23	6	56	7	30	14	17	37	61
电信与信息技术	低或非常低	31	21	27	15	13	21	33	27	14	5
	高或非常高	43	48	26	69	37	47	35	36	52	75
第19问：服务质量与竞争力											
公路	低或非常低	19	33	27	8	45	10	17	26	20	8
	高或非常高	36	37	21	54	8	33	18	25	44	74
铁路	低或非常低	50	44	69	46	56	38	38	58	46	24
	高或非常高	11	22	5	16	2	26	17	13	19	45
空运	低或非常低	14	14	11	4	4	12	14	12	10	6
	高或非常高	45	40	41	44	24	51	34	39	52	74
海运	低或非常低	11	23	9	5	23	15	26	16	8	6
	高或非常高	42	23	47	69	24	50	36	41	46	71

续 表

问题	回答类型	地区						收入组			
		东亚和太平洋地区	欧洲和中亚	拉丁美洲和加勒比海地区	中东和北非	南亚	撒哈拉以南非洲	低收入国家	中等偏低收入国家	中等偏高收入国家	高收入国家
仓储/转运与配送	低或非常低	14	25	9	29	39	1	5	23	10	4
	高或非常高	37	29	18	49	12	46	32	24	42	70
货运代理商	低或非常低	6	23	8	13	29	2	5	18	7	6
	高或非常高	47	43	22	64	39	55	39	36	53	79
海关机构	低或非常低	30	20	31	23	57	25	33	35	20	12
	高或非常高	39	27	15	22	14	36	24	24	33	72
质量标准监察机构	低或非常低	25	26	36	8	63	20	35	31	21	6
	高或非常高	24	25	15	59	12	34	20	25	31	62
卫生/动植物检疫机构	低或非常低	29	41	60	16	64	35	46	43	39	10
	高或非常高	19	18	4	52	7	31	20	16	24	61
报关行	低或非常低	11	17	21	6	49	13	23	24	8	10
	高或非常高	50	36	14	56	18	28	19	28	40	66
贸易与运输协会	低或非常低	15	35	41	32	46	29	42	36	22	15
	高或非常高	33	29	13	45	13	31	19	21	37	58
收货人与发货人	低或非常低	19	24	7	13	14	12	20	19	8	10
	高或非常高	32	18	9	39	17	35	20	23	29	52
第20问：处理效率											
进口商品如期清关与交付	几乎没有或极少	6	13	10	17	14	15	21	13	7	3
	经常或几乎总是	62	71	62	49	37	45	46	48	69	87

续 表

问题	回答类型	地区						收入组			
		东亚和太平洋地区	欧洲和中亚	拉丁美洲和加勒比海地区	中东和北非	南亚	撒哈拉以南非洲	低收入国家	中等偏低收入国家	中等偏高收入国家	高收入国家
出口商品如期清关与交付	几乎没有或极少	1	13	7	2	34	18	19	15	6	1
	经常或几乎总是	77	67	78	83	53	60	58	65	78	88
海关清关透明度	几乎没有或极少	8	22	28	20	55	16	33	24	14	5
	经常或几乎总是	57	60	37	70	22	60	40	48	63	84
其他边境机构透明度	几乎没有或极少	12	15	26	12	57	23	45	19	14	5
	经常或几乎总是	52	53	27	56	21	47	30	42	51	79
及时充分提供法规变化的信息	几乎没有或极少	14	27	47	29	44	27	39	31	26	10
	经常或几乎总是	61	47	25	69	24	39	23	45	48	69
依从性高的贸易商快速清关	几乎没有或极少	10	18	28	23	55	23	35	26	16	10
	经常或几乎总是	56	52	28	61	17	31	19	39	50	73
第 21 问：主要延误原因											
强制仓储/转运	经常或几乎总是	13	13	24	18	47	30	44	25	11	5
	几乎没有或极少	37	38	36	39	22	44	34	28	49	68
装船前检查	经常或几乎总是	10	17	19	32	39	24	30	27	11	7
	几乎没有或极少	58	51	28	37	20	25	21	30	49	72
海运转船	经常或几乎总是	12	16	13	10	44	10	10	23	10	7
	几乎没有或极少	44	38	41	45	17	34	26	27	52	51
犯罪活动（如偷盗货物）	经常或几乎总是	4	16	7	1	21	5	0	14	8	2
	几乎没有或极少	68	70	49	75	36	74	75	53	69	85

续 表

问题	回答类型	地区						收入组			
		东亚和太平洋地区	欧洲和中亚	拉丁美洲和加勒比海地区	中东和北非	南亚	撒哈拉以南非洲	低收入国家	中等偏低收入国家	中等偏高收入国家	高收入国家
要求非正式支付	经常或几乎总是	13	16	25	11	35	29	21	33	14	3
	几乎没有或极少	45	68	33	68	25	34	28	33	61	86
第22问：2015年以来物流环境变化											
海关清关手续	恶化或严重恶化	10	8	17	26	20	16	14	26	5	5
	改善或大幅改善	66	51	57	56	46	65	56	55	64	63
其他官方清关手续	恶化或严重恶化	10	10	18	18	22	9	8	21	8	5
	改善或大幅改善	55	40	45	52	36	57	54	47	48	55
贸易和运输基础设施	恶化或严重恶化	9	12	22	14	26	10	10	24	7	5
	改善或大幅改善	56	56	54	52	29	44	29	48	60	60
电信与信息技术基础设施	恶化或严重恶化	7	9	14	1	0	10	14	7	9	1
	改善或大幅改善	58	71	50	77	43	64	51	63	63	72
私营物流服务	恶化或严重恶化	1	9	13	5	24	0	0	10	7	4
	改善或大幅改善	60	64	66	67	42	64	51	66	65	72
物流相关法规	恶化或严重恶化	7	18	7	23	29	9	10	17	9	14
	改善或大幅改善	52	39	48	47	25	47	38	41	52	36
要求非正式支付	恶化或严重恶化	6	25	10	16	34	26	26	21	14	2
	改善或大幅改善	38	37	47	50	25	45	48	32	48	43
第23问：2015年以来的发展											
传统货代作为一种商业服务的需求	减少或显著减少	13	20	13	30	28	14	10	13	27	5
	增加或大幅增加	47	49	51	50	28	50	45	46	51	46

续 表

问题	回答类型	地区						收入组			
		东亚和太平洋地区	欧洲和中亚	拉丁美洲和加勒比海地区	中东和北非	南亚	撒哈拉以南非洲	低收入国家	中等偏低收入国家	中等偏高收入国家	高收入国家
发货人越来越多地使用电子交易平台（企业对企业、企业对消费者），这意味着业务量的增加	减少或显著减少	2	9	7	8	2	8	3	5	12	0
	增加或大幅增加	63	46	45	51	28	49	60	51	47	45
物流中的网络安全威胁	减少或显著减少	18	20	3	23	15	17	9	9	19	19
	增加或大幅增加	22	39	40	37	24	42	66	46	26	36
公司应对网络威胁的准备工作	减少或显著减少	11	10	3	7	1	13	1	3	11	16
	增加或大幅增加	47	50	45	62	30	43	78	58	43	26
第 24 问：出口时间和距离											
港口或机场供应链	距离（千米）	508. 35	461. 75	468. 04	577. 22	112. 13	618. 05	150. 70	612. 90	458. 82	353. 02
	交货时间（天）	2. 36	4. 83	4. 72	2. 81	3. 43	9. 37	2. 42	4. 72	4. 45	10. 35
土地供应链	距离（千米）	893. 34	1348. 99	430. 52	699. 71	848. 13	1377. 22	593. 71	1059. 78	940. 82	1163. 99
	交货时间（天）	6. 88	8. 00	4. 16	4. 07	7. 71	16. 22	4. 33	6. 71	7. 44	17. 80
第 25 问：进口时间和距离											
港口或机场供应链	距离（千米）	137. 19	499. 72	147. 42	539. 87	235. 61	684. 06	174. 67	486. 33	239. 47	659. 91
	交货时间（天）	3. 47	3. 60	5. 48	4. 54	4. 31	6. 81	2. 64	5. 29	3. 83	6. 91
土地供应链	距离（千米）	468. 98	1574. 14	595. 27	739. 79	566. 81	955. 95	624. 00	1125. 82	741. 75	719. 68
	交货时间（天）	6. 56	8. 24	5. 80	5. 03	6. 77	8. 33	5. 13	7. 98	7. 11	5. 56

续　表

问题	回答类型	地区						收入组			
		东亚和太平洋地区	欧洲和中亚	拉丁美洲和加勒比海地区	中东和北非	南亚	撒哈拉以南非洲	低收入国家	中等偏低收入国家	中等偏高收入国家	高收入国家
第26问：符合质量标准的出货量百分比											
	出货量百分比（%）	83	79	86	76	65	68	86	81	74	70
第27问：机构的数量											
	进口	3.31	2.57	3.37	3.56	5.69	4.43	2.12	3.14	3.76	4.79
	出口	3.16	2.89	3.16	2.92	6.05	4.21	1.93	3.03	3.57	4.76
第28问：数量的形式											
	进口	4.56	3.68	3.38	4.27	5.32	4.90	2.41	3.68	4.53	5.14
	出口	4.17	4.01	3.34	3.23	4.69	4.76	2.02	3.60	4.10	5.21
第29问：间隙时间（天）											
	不需要物理检查	1.20	2.75	1.71	1.60	1.58	2.89	0.73	2.36	1.88	2.34
	需要物理检查	2.57	2.86	3.35	2.95	3.02	4.64	1.60	3.16	3.64	3.86
第31问：物理检查											
	进口货物百分比（%）	22	15	21	43	29	34	10	21	28	32
第32问：多次检查											
	进行物理检验的货物百分比	13	9	3	9	6	18	5	9	12	13
第33问：海关											
报关单是否可以用电子及网上方式提交并处理？	回答是的百分比（%）	92	92	75	80	90	86	97	85	89	82

续 表

问题	回答类型	地区						收入组			
		东亚和太平洋地区	欧洲和中亚	拉丁美洲和加勒比海地区	中东和北非	南亚	撒哈拉以南非洲	低收入国家	中等偏低收入国家	中等偏高收入国家	高收入国家
海关法规要求进口商使用有执照的报关商来清关货物吗？	回答是的百分比（%）	78	72	86	82	91	88	64	78	82	92
您或您的客户是否能够选择最终清关进口货物的地点？	回答是的百分比（%）	79	84	95	61	37	55	74	86	72	45
在最后通关之前，货物是否可以放行？	回答是的百分比（%）	53	57	52	75	58	60	69	56	67	46

注释：数据基于国家水平进行计算，并按地区和收入组进行平均。
资料来源：2016 年物流绩效指数。

附录4　国内 LPI 结果（时间和距离数据）

附表 4.1　　**国内 LPI 结果（问题 24 和问题 25）**

经济体	第 24 问：出口时间和距离				第 25 问：进口时间和距离			
	港口或机场供应链[a]		陆路供应链[b]		港口或机场供应链[c]		陆路供应链[b]	
	距离（千米）[d]	交付周期（天）	距离（千米）	交付周期（天）	距离（千米）	交付周期（天）	距离（千米）	交付周期（天）
阿尔巴尼亚	300	10	—	—	25	14	—	—
阿根廷	117	4	265	4	49	5	517	8
亚美尼亚	300	7	300	25	—	—	—	—
澳大利亚	75	1	—	—	75	1	—	—
奥地利	332	2	496	3	344	3	486	3
阿塞拜疆	1025	3	2646	7	43	2	296	4
白俄罗斯	75	2	25	8	43	2	1581	7
比利时	160	2	245	3	186	3	216	3
贝宁	75	14	—	—	75	10	75	3
玻利维亚	52	3	304	6	75	6	968	8
巴西	276	5	366	5	240	5	352	5
文莱	25	1	25	1	25	1	25	1
保加利亚	438	2	1136	3	276	2	1256	3
布基纳法索	750	5	—	—	300	2	—	—
布隆迪	25	18	—	—	750	—	750	3
喀麦隆	150	5	2092	13	474	6	1581	11
加拿大	161	4	766	3	188	5	—	—
智利	300	3	—	—	300	3	—	—
中国	337	2	707	6	328	6	784	4
哥伦比亚	237	2	—	—	43	5	—	—
刚果共和国	3500	18	—	—	—	—	—	—
科特迪瓦	36	4	1250	14	36	4	306	16
捷克共和国	300	7	750	3	474	5	300	3
丹麦	43	3	75	2	52	3	75	3
多米尼加共和国	—	—	1250	6	—	—	2000	18
埃及	349	2	792	5	452	5	554	6
爱沙尼亚	75	2	968	4	75	2	1250	4
埃塞俄比亚	750	60	750	25	750	10	750	14
芬兰	230	2	785	5	172	3	553	5
法国	261	2	673	3	177	3	439	3

续 表

经济体	第24问：出口时间和距离				第25问：进口时间和距离			
	港口或机场供应链[a]		陆路供应链[b]		港口或机场供应链[c]		陆路供应链[b]	
	距离（千米）[d]	交付周期（天）	距离（千米）	交付周期（天）	距离（千米）	交付周期（天）	距离（千米）	交付周期（天）
加蓬	3500	25	—	—	3500	25	—	—
格鲁吉亚	300	2	1225	4	300	2	775	3
德国	212	2	569	2	350	2	559	3
加纳	296	1	1620	1	296	1	25	2
希腊	219	3	841	3	302	3	783	7
危地马拉	150	4	—	—	300	5	—	—
海地	—	—	25	1	—	—	25	1
中国香港	—	—	300	2	750	2	474	2
印度	246	3	569	6	203	3	812	8
印度尼西亚	171	2	297	3	277	4	277	4
伊朗	1581	3	—	—	1250	5	—	—
意大利	269	3	541	5	210	4	519	5
日本	25	2	—	—	25	3	—	—
哈萨克斯坦	2000	10	—	—	—	—	3500	18
肯尼亚	298	4	203	3	429	4	483	4
科威特	75	2	150	2	43	3	75	4
老挝	25	2	750	3	25	2	750	3
拉脱维亚	25	1	2000	46	25	1	3500	53
立陶宛	150	2	1581	4	43	2	1581	4
卢森堡	96	2	471	3	101	2	393	3
马其顿	300	1	—	—	300	2	—	—
马达加斯加	300	1	—	—	75	1	—	—
马拉维	750	4	3500	88	1250	14	—	—
马来西亚	75	2	75	4	43	2	75	4
马耳他	25	1	—	—	25	1	—	—
毛里求斯	52	1	—	—	66	2	—	—
墨西哥	3500	5	—	—	300	5	—	—
蒙古	—	—	1250	14	—	—	1250	14
摩洛哥	159	2	523	2	292	3	631	2
莫桑比克	75	3	—	—	75	5	—	—
缅甸	88	3	683	4	106	4	579	5
纳米比亚	25	3	3500	25	300	4	3500	25
尼泊尔	61	1	1486	10	133	2	582	5
荷兰	48	2	265	1	99	1	453	2
尼日利亚	64	3	61	6	87	2	426	4
挪威	75	1	75	1	75	2	—	—
阿曼	198	2	320	3	157	2	256	3
巴基斯坦	66	4	489	7	306	8	306	7
巴拿马	75	3	300	2	75	2	75	2
巴布新几内亚	3500	2	3500	2	75	2	75	2

续 表

经济体	第24问：出口时间和距离				第25问：进口时间和距离			
	港口或机场供应链[a]		陆路供应链[b]		港口或机场供应链[c]		陆路供应链[b]	
	距离（千米）[d]	交付周期（天）	距离（千米）	交付周期（天）	距离（千米）	交付周期（天）	距离（千米）	交付周期（天）
巴拉圭	25	3	—	—	—	—	—	—
秘鲁	39	2	512	2	84	4	75	1
菲律宾	36	1	—	—	25	2	—	—
波兰	75	1	750	4	300	1	750	5
葡萄牙	141	3	1601	3	157	3	1738	6
卡塔尔	25	10	25	7	75	7	—	—
罗马尼亚	203	2	835	3	482	2	1249	4
俄罗斯	306	3	3500	3	2646	5	2092	9
卢旺达	—	—	2000	6	—	—	2000	7
沙特阿拉伯	235	4	940	5	232	5	483	7
塞内加尔	296	1	25	1	300	7	—	—
塞尔维亚	75	2	909	4	300	2	777	4
新加坡	30	2	33	1	29	2	33	2
斯洛文尼亚	300	1	256	2	300	3	474	3
西班牙	143	2	298	2	101	3	326	2
斯里兰卡	75	6	—	—	300	4	—	—
瑞典	474	1	1025	1	300	3	1025	5
瑞士	36	3	750	3	52	2	300	2
中国台湾	75	1	—	—	75	2	—	—
坦桑尼亚	51	4	776	7	51	4	326	5
泰国	300	4	300	18	300	5	300	18
突尼斯	219	4	784	5	166	5	1034	6
土耳其	252	3	1267	6	332	3	1087	6
乌干达	750	3	750	5	3500	14	1250	6
阿拉伯联合酋长国	89	2	249	2	107	2	119	2
英国	147	2	562	4	197	3	429	3
美国	275	2	612	5	263	2	483	4
乌兹别克斯坦	429	16	1647	16	750	3	3129	23
委内瑞拉	209	15	422	7	162	12	750	3
越南	43	2	477	9	56	3	131	5

注释：— 表示数据未提供；

a 表示从源地（销售方工厂，通常位于首都或是最大的商业中心）到装卸的港口（港口/机场），不包括国际货运（EXW—FOB）；

b 表示从源地（销售方工厂，通常位于首都或是最大的商业中心）到买方的仓库（EXW—DDP）；

c 表示从卸货港口到购买者的仓库（DAT—DDP）；

d 表示港口和机场距离指标的总和。

资料来源：2018 年物流绩效指数。

附表 4.2　国内 LPI 结果（问题 26 ~ 问题 29，问题 31，问题 32）

经济体	第 26 问：满足质量标准的货运百分比	第 27 问：代理机构数量		第 28 问：表格数量		第 29 问：清关时间（天）[a]		第 31 问：实物检查	第 32 问：多重检查
	货运百分比（%）	进口	出口	进口	出口	无实物检查	有实物检查	进口货运百分比（%）	进行实物检查的货运百分比（%）
阿富汗	—	8	8	8	6	—	—	—	—
阿尔巴尼亚	87	3	4	4	3	13	14	6	18
阿根廷	75	5	4	4	3	2	4	36	6
澳大利亚	93	2	2	1	1	1	2	1	1
奥地利	86	2	2	2	2	0	1	2	2
阿塞拜疆	61	3	4	5	8	2	2	50	6
白俄罗斯	57	3	4	4	4	1	1	6	1
比利时	82	1	1	2	2	1	1	3	1
贝宁	88	3	2	5	2	5	6	18	6
玻利维亚	83	3	3	2	3	3	7	30	1
巴西	82	4	4	5	4	2	5	8	5
文莱	88	1	1	1	1	0	1	6	18
保加利亚	86	2	2	3	3	1	1	7	3
布基纳法索	88	5	5	3	5	3	5	3	1
布隆迪	40	5	3	4	4	4	7	18	3
喀麦隆	40	5	8	9	9	2	5	37	18
加拿大	57	2	2	3	1	1	4	2	1
智利	93	5	5	5	5	1	1	3	1
中国	81	3	3	4	4	1	2	3	1
哥伦比亚	96	3	3	5	3	2	2	3	1
科特迪瓦	51	5	4	6	4	2	6	30	6
捷克共和国	88	1	1	2	2	1	1	1	1
丹麦	92	1	1	1	1	1	2	1	1
多米尼加共和国	97	2	2	3	3	1	1	50	1
埃及	81	6	5	6	5	2	4	40	14
爱沙尼亚	93	3	3	1	1	0	1	3	—
埃塞俄比亚	97	4	6	7	11	1	0	75	75
芬兰	93	1	1	2	1	0	1	2	1
法国	79	2	2	2	2	1	1	3	2
加蓬	83	1	1	6	5	7	7	50	50
格鲁吉亚	62	2	2	2	2	1	1	3	1
德国	95	1	1	1	1	1	1	2	2
加纳	61	1	1	1	1	7	10	35	50
希腊	95	2	2	3	3	1	2	2	1

续　表

经济体	第26问：满足质量标准的货运百分比	第27问：代理机构数量		第28问：表格数量		第29问：清关时间（天）[a]		第31问：实物检查	第32问：多重检查
	货运百分比（%）	进口	出口	进口	出口	无实物检查	有实物检查	进口货运百分比（%）	进行实物检查的货运百分比（%）
危地马拉	87	4	3	4	4	1	1	42	3
海地	100	1	1	1	2	1	3	1	1
中国香港	95	3	3	4	3	1	2	75	1
印度	77	3	3	3	3	1	2	19	3
印度尼西亚	73	4	3	5	3	1	7	8	2
伊朗	69	3	2	4	2	1	3	75	7
意大利	90	2	2	3	2	1	2	3	2
日本	93	3	2	1	1	1	1	1	1
哈萨克斯坦	93	4	6	5	8	10	5	18	50
肯尼亚	53	6	4	6	4	3	4	66	39
科威特	62	4	3	9	3	2	1	75	4
老挝	93	3	3	4	4	2	3	18	1
拉脱维亚	89	3	2	2	2	0	1	4	11
立陶宛	97	3	3	2	2	0	1	6	2
卢森堡	89	2	2	2	2	1	1	3	2
马其顿	93	1	1	4	3	1	1	35	6
马达加斯加	40	11	11	11	11	2	4	6	3
马拉维	40	3	2	5	6	6	10	75	1
马来西亚	69	2	2	2	2	0	1	4	1
马耳他	93	1	1	1	1	1	1	3	1
毛里求斯	66	8	5	4	21	3	16	3	
墨西哥	93	2	2	2	2	1	2	6	1
蒙古	88	2	—	11	11	1	1	75	75
摩洛哥	82	3	3	3	3	1	2	13	5
莫桑比克	88	2	2	3	3	1	2	35	3
缅甸	66	4	4	6	6	2	3	28	6
纳米比亚	90	3	3	2	3	2	4	11	1
尼泊尔	59	9	9	9	8	1	1	75	10
荷兰	82	2	1	1	1	0	0	2	1
尼日利亚	93	6	6	6	6	2	3	56	21
挪威	93	1	1	2	2	1	2	1	1
阿曼	67	4	3	3	2	1	2	1	1
巴基斯坦	83	4	4	2	2	2	5	17	4
巴拿马	93	3	3	3	3	1	1	6	3

续 表

经济体	第26问：满足质量标准的货运百分比	第27问：代理机构数量		第28问：表格数量		第29问：清关时间（天）[a]		第31问：实物检查	第32问：多重检查
	货运百分比（%）	进口	出口	进口	出口	无实物检查	有实物检查	进口货运百分比（%）	进行实物检查的货运百分比（%）
巴布亚新几内亚	97	5	5	2	2	1	3	6	3
巴拉圭	—	3	3	4	4	3	3	1	1
秘鲁	88	5	5	3	3	2	4	15	4
菲律宾	87	4	4	6	6	2	2	30	1
波兰	73	2	1	3	3	1	2	3	1
葡萄牙	82	3	2	3	3	1	2	6	2
卡塔尔	—	1	2	3	3	2	7	75	75
罗马尼亚	86	2	2	4	5	1	2	8	5
俄罗斯	69	3	3	2	2	2	4	22	4
卢旺达	85	3	2	3	3	2	2	4	3
沙特阿拉伯	69	3	3	3	3	2	3	25	9
塞内加尔	59	3	5	4	3	1	2	35	18
塞尔维亚	95	3	3	3	3	1	1	8	5
新加坡	94	2	2	1	1	0	1	2	2
斯洛文尼亚	96	3	3	2	2	0	1	4	2
西班牙	75	2	2	2	2	1	2	4	2
斯里兰卡	40	4	—	4	4	2	4	6	6
瑞典	97	2	2	3	3	1	2	2	1
瑞士	91	1	1	2	2	0	1	3	1
中国台湾	83	2	2	3	3	1	1	1	1
坦桑尼亚	75	7	7	6	6	2	3	70	10
泰国	93	3	3	2	2	1	1	35	35
突尼斯	74	3	3	5	3	2	3	45	10
土耳其	77	3	3	4	4	1	2	12	6
乌干达	59	3	4	3	3	3	5	6	35
阿拉伯联合酋长国	86	3	2	4	3	1	1	10	3
英国	90	2	1	2	2	1	2	2	1
美国	91	3	2	4	3	2	3	3	1
乌兹别克斯坦	78	3	3	4	4	1	1	1	1
委内瑞拉	50	6	7	6	7	3	6	50	7
越南	83	3	2	3	2	1	3	10	3

注释：— 表示数据未提供；

a 表示已接受的海关申报与清关通告之间的时间间隔。

资料来源：2018年物流绩效指数。

附录5　LPI方法

由于物流具有多个维度，因此衡量与总结各国家的物流绩效具有很大的挑战性。检查与物流过程相关的时间和成本，例如，港口处理、清关、运输等是一个良好的开端，这些信息在许多情况下很容易获得。但是，即使数据完备，由于各国供应链的结构差异，这些信息也不能轻易地聚合成单一的、一致的跨国的数据集。更重要的是，许多良好的物流关键要素（如流程透明度和服务质量、可预测性和可靠性）不能仅用时间和成本来评估。

构建国际LPI

LPI调查的第一部分（第10～15问）为国际LPI提供了原始数据。参与每次调查的受访者根据物流绩效的六个核心构成要素对八个海外市场进行了评分。根据受访者所在国最重要的出口与进口市场，我们随机选择了八个市场。对于来自内陆国家的受访者，则根据连接国际市场与该内陆国家大陆桥的过境邻国进行选择。根据被受访者所在国家特点的不同，每个受访者的国家选择方法是不同的（见附表5.1）。

附表5.1　受访者的国家选择方法

<table>
<tr><th></th><th>低收入国家的受访者</th><th>中等收入国家的受访者</th><th>高收入国家的受访者</th></tr>
<tr><td>沿海国家受访者</td><td>5个最重要的出口伙伴国家
+
3个最重要的进口伙伴国家</td><td>3个最重要的出口伙伴国家
+
1个最重要的进口伙伴国家
+
4个随机挑选的国家，从以下4组各选择一个：
a. 非洲；
b. 东亚和中亚；
c. 拉丁美洲；
d. 世界经合组织和欧洲次中亚</td><td rowspan="2">从5个最重要出口伙伴国家和5个最重要进口伙伴国家名单中随机选择2个国家
+
4个随机挑选的国家，从以下4组各选择一个：
a. 非洲；
b. 东亚和中亚；
c. 拉丁美洲；
d. 欧洲、次中亚和世界经合组织（OECD）
+
从a、b、c和d组合中随机选择两个国家</td></tr>
<tr><td>内陆国家受访者</td><td>4个最重要的出口伙伴国家
+
2个最重要的进口伙伴国家
+
2个大陆桥国家</td><td>3个最重要的出口伙伴国家
+
1个最重要的进口伙伴国家
+
2个大陆桥国家
+
2个随机挑选的国家，从如下两组各选择一个：
a. 非洲、东亚、中亚和拉丁美洲；
b. 世界经合组织和欧洲次中亚</td></tr>
</table>

资料来源：作者。

受访者通过网络参与调查。2018 年版的调查时间从 2017 年 9 月到 2018 年 2 月。2018 年所使用的网络调查引擎和 2012 年的新引入引擎相同。它采用了统一随机抽样法（USR），从代表性不足的国家获取最可能的回复。由于调查引擎在很大程度上依赖于国与国之间高贸易量的专业选择国家方法，因此 USR 有助于低贸易量国家在选择国家过程中上升至顶部。

2017—2018 年调查引擎构建了一套供受访者选择国家集合的方法（见附表 5.1）。在获取 200 份调查后，将统计随机采样法引入调查引擎程序用于选择国家。对于每名新的受访者，USR 请求随机选择（但概率不一致，通过权重选择来使抽样概率逐渐相同）的国家给予响应。通过这种方式，国家 i 被选择的概率为 $(N - n_i) / 2N$，其中 n_i 是指国家 i 截至目前的样本量，N 是指总样本量。

国际 LPI 报告是物流绩效的综合指标，它将六个核心绩效构成要素的数据组合成一个单一的综合衡量指标。一些受访者未能提供所有六个构成要素的信息，因此只好使用插值来弥补缺失值。缺失值均采用该国每个问题平均回答情况来替代，并根据受访者回答问题与国家平均值的均差来进行调整。

六个核心构成要素分别为：

- 在调查问卷第 10 问中，海关和边境清关的效率，从“非常低”（1）至“非常高”（5）进行打分；
- 在调查问卷第 11 问中，贸易和运输基础设施质量，从“非常低”（1）至“非常高”（5）进行打分；
- 在调查问卷第 12 问中，安排具有竞争力价格货运的便利性，从“非常困难”（1）至“非常简便”（5）进行打分；
- 在调查问卷第 13 问中，物流服务竞争力与质量，从“非常低”（1）至“非常高”（5）进行打分；
- 在调查问卷第 14 问中，追踪与追溯货物运输的能力，从“非常低”（1）至“非常高”（5）进行打分；
- 在调查问卷第 15 问中，货物运输在既定或预期时间的到货率，从“几乎从不”（1）至“几乎总是”（5）进行打分。

LPI 由上述六项指标利用主要构成要素分析（PCA）构建而成，PCA 是一种用于降低数据集维度的标准统计技术。在 LPI 报告中，输入进行分析的数据是各国在第 10 ~ 15 问的评分，并根据给定海外市场的数据在所有受访者之间进行平均取值。在进行 PCA 之前，减去样本平均值并除以标准差对评分进行标准化。PCA 的输出结果是一个单一指标，LPI 就是那些数据的加权平均值。权重用来最大限度地提高原始六项 LPI 指标的变异百分比（占综合指标的百分比）。

PCA 步骤的完整细节见附表 5.2 和附表 5.3。附表 5.2 的第一行表明六个核心指标相关矩阵的首个（最主要）特征值大于 1，且远远大于其他特征值。标准统计检验（如 Kaiser 准则和特征值碎石图）表明，应采用单一主要构成要素来描述基础数据。这一主要构成要素就是国际 LPI。附表 5.2 表明，在六个构成要素中，国际 LPI 的变异占 92%。

附表 5.2　　2018 年国际 LPI 主要构成要素分析

构成要素	特征值	差异	比例	累计
1	5.53535	5.36359	0.9226	0.9226
2	0.17175	0.0648739	0.0286	0.9512
3	0.106876	0.0292183	0.0178	0.9690
4	0.0776582	0.00796402	0.0129	0.9819
5	0.0696941	0.0310184	0.0116	0.9936
6	0.0386757	—	0.0064	1.0000

注：—表示无数据。

附表 5.3　　2018 年国际 LPI 构成要素权重

构成要素	权重
海关	0.4072
基础设施	0.4130
国际货运	0.3961
物流质量与竞争力	0.4166
追踪与追溯	0.4106
及时性	0.4056

资料来源：世界银行工作人员分析。

为构建国际 LPI，我们分别将六个原始指标的标准化得分乘以主要构成要素权重（见附表 5.3），然后求和，构成要素权重表示在构建国际 LPI 中每个原始指标的比重。由于所有六个指标的权重相近，国际 LPI 与六个指标的简单平均值相近。虽然每个版本的 LPI 调查报告都要重新进行主要构成要素分析，但每年的权重仍保持不变，因此不同版本 LPI 报告之间具有高度可比性。

构建置信区间

为考虑 LPI 调查方法产生的抽样误差，LPI 评分以大约置信区间的 80% 来表示。这些置信区间使得对于一个国家的评分和排名提供上限和下限成为可能。要确定评分变化或两次评分之间差异是否存在统计学显著差异，必须认真检查置信区间。比如说，除非某国 2018 年 LPI 评分超过 2016 年 LPI 评分上限，否则不能认为该国物流绩效存在统计学显著提高。

为计算置信区间，我们对所有参与某国评分的受访者的 LPI 评分标准误差进行了估计，那么置信区间的上限和下限分别为：

$$LPI \pm \frac{t_{(0.1,N-1)}S}{\sqrt{N}}$$

其中 LPI 表示该国的 LPI 评分，N 表示调查受访者人数，S 表示估计的标准误差，t 表示受访者的分布。该方法结果表明，由于这些估值确定性较低，受访者人数较少的小型市场的置信区间和评分及排名的取值范围变化较大。

利用高分和低分计算该国排名的上限和下限。上限是指当一个国家 LPI 评分位于置信区间上限而非中心位置时的该国的 LPI 排名。下限是指一个国家 LPI 评分位于置信区间下限而非中心位置时该国的 LPI 排名。在这两种情况下，所有其他国家的 LPI 评分均保持不变。

1～5 级的平均置信区间为 0.2，约为平均国家 LPI 评分的 7%。由于 LPI 评分群处于分布的中间，所以置信区间相当于 16 个排名位置，从而可利用这 16 个排名位置的上下限进行上述计算。在解读 LPI 评分与排名的微小差异时应格外谨慎。

虽然这是国家物流和贸易便利化最全面的数据源，但 LPI 存在两个重要的局限性。首先，国际货运代理商的经验可能无法代表贫穷国家更广泛的物流环境，这些物流环境通常取决于传统运营商。同时，国际和传统运营商在与政府打交道时存在差异，其服务水平也同样存在差异。其次，对于内陆国家和小型岛屿国家而言，LPI 报告也许可以反映其他国家的连接问题，如过境困难。内陆国家（如老挝）的低得分可能无法充分反映其在贸易便利性改革方面所做的努力，这取决于复杂国际体系的工作方式。内陆国家无法通过国内改革来提高过境效率。

构建国内 LPI 数据库

LPI 调查的第二部分为国内 LPI，其中受访者提供了他们工作所在国的物流定性和定量信息。

第 17～22 问要求受访者从五个绩效类别中选择一个。例如，在第 17 问中，受访者可以描述他们国家港口费用为“非常高”“高”“平均”“低”或者“非常低”。和国际 LPI 一样，对这些选项按从 1（最差）到 5（最佳）进行编码。附录 3 列出了认为物流环境各个方面评分为 1～2 或 4～5 受访者百分比的国家平均值。第 23 问涉及物流电子平台的使用和网络威胁。

除了少数例外，第 24～35 问询问受访者关于其所在国国际供应链的信息，在下拉菜单中提供选项。当一个答案表示一个单一值时，就将该答案编码为该值的对数。当答案表示一个范围时，答案就编码为该范围中值的对数。例如，出口距离可以表示为不足 50 千米、50～100 千米和 100～500 千米等，因此 50～100 千米的答复即可编码为 log（75）。可以应要求提供编码矩阵的完整详细信息。

国家 LPI 评分是由所有受访者对一个指定国家反映出来的对数平均响应指数。这种方法相当于几何平均值。地区 LPI 评分、收入群体 LPI 评分和 LPI 五分区是相关国家 LPI 评分的简单平均值。

附录6 受访者统计资料

实际的操作人员最适合评估物流绩效的一些重要方面。因此，LPI 采用了对跨国货运代理和主要快递公司物流专业人员的在线调查。2018 年 LPI 数据是基于 2017 年 9 月至 2018 年 2 月进行的一项调查，在 108 个国家的国际物流公司中，有 869 名受访者回答了这一问题。

受访者的地理分布

在受访者中，62% 的人来自低收入国家（3%）或中等收入国家（59%）。总体数字与 2016 年的 LPI 类似，但今年中高收入国家的贡献相对要大得多。低收入国家缺乏代表性的原因是它们在世界贸易中所起的边际作用更大，以及难以与当地经营者进行有效沟通（见附图 6.1）。

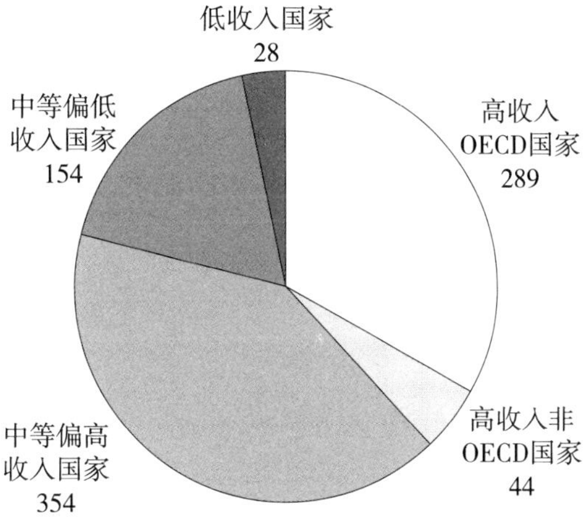

附图 6.1 按收入组别的受访者数量

资料来源：2018 年物流绩效指数。

在发展中国家，所有地区都有良好的代表性，特别是拉丁美洲和加勒比海地区（见附图 6.2）。增加地方协会和运营商的参与性，有助于在未来的其他地区得到响应率。

受访者在公司的职位

受访者在公司的职位 LPI 指数对大公司和中小企业进行评估。大公司（那些拥有 250 名员工或更多员工的公司）占了大约 29% 的响应率，这一比例高于 2016 年。因此，大多数的响应来自中小企业。有经验的资深公司成员对该调查很重要。2018 年的受访者包括高管（43%，少于 2016 年）、地区或国家经理（13%）和部门经理（19%）。这些专业人员对日常业务有监督或直接参与，不仅从公司总部，也包括国

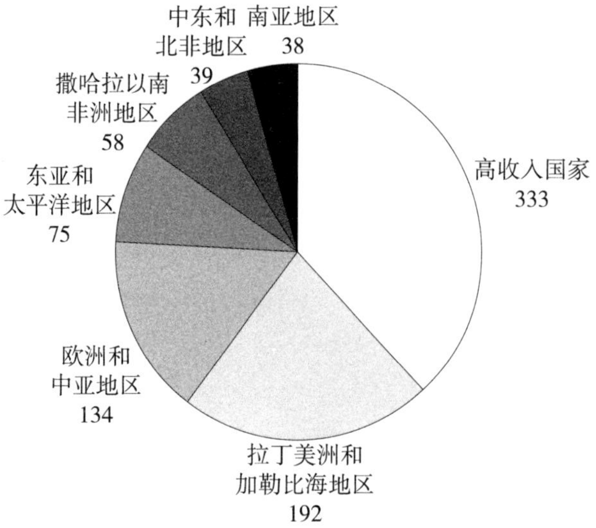

附图 6.2　按地区划分受访者数量

注：世界银行业务地区不包括高收入国家，因此在这里将其作为单独一类。

资料来源：2018 年物流绩效指数。

家办事处。从 2016 年到 2018 年，受访者的相对资历略有下降。2/3 的受访者在公司或地区总部（39%）或国家分支机构（26%）。其余的则在当地的分支机构（10%）或独立公司（25%）。

43% 的受访者的主要工作是提供大量的物流服务。这些服务包括仓储和配送、为客户定制物流解决方案、快递服务、散装或散货船运输，以及拼装集装箱、整装集装箱或重型拖车装载运输。38% 的受访者是那些基于整装集装箱或重型拖车装载运输（24%）或基于客户定制的物流解决方案（14%）的公司。与 2016 年相比，这些占比已经趋同。

在所有受访者中，35% 的人从事多式联运；25% 的人从事海运；13% 的人从事航空运输。最后两个数字与 2016 年的数字相似，而处理多式联运的受访者数量有所下降。2018 年，6% 的受访者处理国内贸易，53% 的人负责出口或进口。

最后，26% 的人与世界上大多数地区合作，而另一些人则把工作集中在欧洲（34%）、亚洲（19%）、美洲（14%）、非洲（4%）或中东（3%）。几乎没有与澳大利亚和太平洋地区的合作（3 个受访者）。

附录 7 LPI 使用参考文献

Abbade, Eduardo Botti. 2017. "Availability, Access and Utilization: Identifying the Main Fragilities for Promoting Food Security in Developing Countries." *World Journal of Science, Technology and Sustainable Development* 14 (4): 322–35.

Akhavan, Mina. 2017. "Evolution of Hub Port-Cities into Global Logistics Centres: Lessons from the Two Cases of Dubai and Singapore." *International Journal of Transport Economics* 44 (1): 25–47.

Al-Futaisi, H. E. Dr. Ahmed Mohammed Salem. 2015. *Sultanate of Oman Logistics Strategy 2040.* Muscat, Oman: Ministry of Transport and Communications.

Andrejić, Milan M., and Milorad J. Kilibarda. 2016. "Measuring Global Logistics Efficiency Using PCA-DEA Approach." *Tehnika – Saobra'caj* 63: 733–40.

Au, K. F., and Chan M. H. Eve. 2010. "The Impact of Social, Economic Variables and Logistics Performance on Asian Apparel Exporting Countries." In *Innovations in Supply Chain Management for Information Systems: Novel Approaches*, edited by John Wang, 204–16. Hershey, NY: Business Science Reference.

Çemberci, Murat, Mustafa Emre Civelek, and Neslihan Canbolat. 2015. "The Moderator Effect of Global Competitiveness Index on Dimensions of Logistics Performance Index." *Procedia: Social and Behavioral Sciences* 195: 1514–24.

Chakraborty, Debashis, and Sacchidananda Mukherjee. 2016. "How Trade Facilitation Measures Influence Export Orientation? Empirical Estimates with Logistics Performance Index Data." Paper No. 74778, Munich Personal RePEc Archive, Bonn. https://mpra.ub.uni-muenchen.de/74778/.

Civelek, Mustafa Emre, Nagehan Uca, and Murat Cemberci. 2015. "The Mediator Effect of Logistics Performance Index on the Relation between Global Competitiveness Index and Gross Domestic Product." *European Scientific Journal* 11 (13): 368–75.

Coto-Millán, Pablo, Xose Luís Fernández, Miguel Ángel Pesquera, and Manuel Agüeros. 2016. "Impact of Logistics on Technical Efficiency of World Production (2007–2012)." *Networks and Spatial Economics* 16 (4): 981–95.

D'Aleo, Vittorio. 2015. "The Mediator Role of Logistic Performance Index: A Comparative Study." *Journal of International Trade, Logistics and Law* 1: 1–7.

D'Aleo, Vittorio, and Bruno S. Sergi. 2017a. "Does Logistics Influence Economic Growth? The European Experience." *Management Decision* 55 (8): 1613–28.

———. 2017b. "Human Factor: The Competitive Advantage Driver of the EU's Logistics Sector." *International Journal of Production Research* 55 (3): 642–55.

Deloitte. 2014. *Indian Logistics: Focus on infrastructure creation to sustain and drive growth.* New Delhi: Deloitte.

DHL. 2016. *Logistics Trend Radar 2016: Delivering insight today, creating value tomorrow.* Troisdorf, Germany: DHL Customer Solutions & Innovation.

Duval, Yann, Roberto Maeso, Chorthip Utoktham, Tengfei Wang, Evdokia Moise, Sylvia Sorescu, Mohammed Saeed, Arantza Sanchez, Cecile Ferro, and Christina Busch. 2016. *Indicators for Trade Facilitation: A Handbook.* Bangkok and Paris: Economic and Social Commission for Asia and the Pacific and the Organisation for Economic Co-operation and Development.

EC (European Commission). 2014. *EU Transport Scoreboard.* Brussels: EC.

Edirisinghe, Lalith. 2013. "Cross-Border Logistics Performance in Sri Lanka: The Way Forward." Paper presented at the International Research Conference on Business & Information.

Ekici, Şule Önsel, Özgür Kabak, and Füsun Ülengin. 2016. "Linking to Compete: Logistics and Global Competitiveness Interaction." *Transport Policy* 48: 117–28.

Erkan, Birol. 2014. "The Importance and Determinants of Logistics Performance of Selected Countries." *Journal of Emerging Issues in Economics, Finance and Banking* 3: 1237–54.

Felipe, Jesus, and Utsav Kumar. 2012. "The Role of Trade Facilitation in Central Asia." *Asia, Eastern European Economics* 50 (4): 5–20.

Fonseca, J. M., and N. Vergara. 2015. *Logistics in the horticulture supply chain in Latin America and the Caribbean: Regional report based on five country assessments and findings from regional workshops.* Rome: Food and Agriculture Organization of the United Nations.

Gani, Azmat. 2017. "The Logistics Performance Effect in International Trade." *The Asian Journal of Shipping and Logistics* 33 (4): 279–88.

Garcia Piña, Adalid, and Manuel Quindimil. 2016. "National Policies for Logistics Services in Chile and Peru: Their Impact and Challenges vis-à-vis the Asia-Pacific Region." Working Paper 14/2016, Swiss State Secretariat for Economic Affairs/World Trade Institute Academic Cooperation Project, Bern, Switzerland.

Gogoneata, Basarab. 2008. "An Analysis of Explanatory Factors of Logistics Performance of a Country." *Amfiteatru Economic* 10 (24): 143–56.

Grant, David B. 2014. "Trends in Logistics and Supply Chain Management: A Focus on Risk." *Journal of Supply Chain Management: Research and Practice* 8 (2): 1–12.

Guner, Samet, and Erman Coskun. 2012. "Comparison of Impacts of Economic And Social Factors on Countries' Logistics Performances: A Study with 26 OECD Countries." *Research in Logistics & Production* 2 (4): 329–43.

Hilmola, Olli-Pekka. 2011. "Logistics Sector Development Potential of World's Oil Exporters." *International Journal of Energy Sector Management* 5 (2): 256–70.

Hoekman, Bernard, and Alessandro Nicita. 2008. "Trade Policy, Trade Costs, and Developing Country Trade." Policy Research Working Paper 4797, World Bank, Washington, DC.

———. 2010. "Assessing the Doha Round: Market Access, Transactions Costs and Aid for Trade Facilitation." *The Journal of International Trade & Economic Development* 19 (1): 65–79.

———. 2011. "Trade Policy, Trade Costs, and Developing Country Trade." *World Development* 39 (12): 2069–79.

Hollweg, Claire, and Marn-Heong Wong. 2009. "Measuring Regulatory Restrictions in Logistics Services." Discussion Paper 2009–14, Economic Research Institute for ASEAN and East Asia, Jakarta.

ITF (International Transport Forum). 2016. *Logistics Development Strategies and Performance Measurement.* Roundtable Report 158. Paris: ITF.

Jahre, Marianne, Joakim Kembro, Tina Rezvanian, Ozlem Ergun, Svein J. Håpnes, and Peter Berling. 2016. "Integrating Supply Chains for Emergencies and Ongoing Operations in UNHCR." *Journal of Operation Management* 45: 57–72.

Jaller, Miguel, David Phong, and Leticia Pineda Blanco. 2018. "Critical Review of the Logistics Performance Index (LPI): A Spatial Regression Analysis." Paper presented at the Transportation Research Board 97th Annual Meeting, Washington, DC, January 7–11.

Jane, Chin-Chia, and Yih-Wenn Laih. 2012. "Evaluating Cost and Reliability Integrated Performance of Stochastic Logistics Systems." *Naval Research Logistics* 59: 577–86.

Jhawar, Amrita, S. K. Garg, and Shikha N. Khera. 2014. "Analysis of the Skilled Work Force Effect on the Logistics Performance Index—Case Study from India." *Logistics Research* 7: 117.

Kim, Ilsuk, and Hokey Min. 2011. "Measuring Supply Chain Efficiency from a Green Perspective." *Management Research Review* 34 (11): 1169–89.

Korinek, Jane, and Patricia Sourdin. 2011. "To What Extent Are High-Quality Logistics Services Trade Facilitating?" Trade Policy Paper No. 108, Organisation for Economic Co-operation and Development, Paris.

Kornerup Bang, John, Majbritt Greve, and Thomas Westergaard-Kabelmann. 2014. *A leading trade nation: The role of container shipping and logistics in enhancing trade and economic growth in China.* Copenhagen: Maersk.

Lau, Kwok Hung. 2011. "Benchmarking Green Logistics Performance with a Composite Index." *Benchmarking: An International Journal* 18 (6): 873–96.

Mangan, John, Chandra Lalwani, and Tim Butcher. 2008. *Global Logistics and Supply Chain Management.* Chichester, UK: John Wiley & Sons.

Mariano, Enzo Barberio, Jose Alcides Gobbo Jr., Flavia de Castro Camioto, and Daisy Aparecida do Nascimento Rebelatto. 2017. "CO2 Emissions and Logistics Performance: A Composite Index Proposal." *Journal of Cleaner Production* 163: 166–78.

Marti, Luisa, Juan Carlos Martin, and Rosa Puertas. 2017. "A DEA-logistics Performance Index." *Journal of Applied Economics* 20 (1): 169–92.

Marti, Luisa, and Rosa Puertas. 2017. "The Importance of Export Logistics and Trade Cost in Emerging Economies." *Maritime Economics & Logistics* 19 (2): 315–33.

Marti, Luisa, Rosa Puertas, and Leandro Garcia. 2014a. "The Importance of the Logistics Performance Index in International Trade." *Applied Economics* 46 (24): 2982–92.

———. 2014b. "Relevance of Trade Facilitation in Emerging Countries' Exports." *The Journal of International Trade & Economic Development* 23 (2): 202–22.

McKinnon, Alan, Christoph Flöthmann, Kai Hoberg, and Christina Busch. 2017. *Logistics Competencies, Skills, and Training: A Global Overview.* Washington, DC: World Bank.

Mohamed-Chérif, Fatima, and Cesar Ducruet. 2016. "Regional Integration and Maritime Connectivity across the Maghreb Seaport System." *Journal of Transport Geography* 51: 280–93.

Nunes De Faria, Rosane, Caio Silvestre De Souza, and José Geraldo Vidal Vieira. 2015. "Evaluation of Logistic Performance Indexes of Brazil in the International Trade." *Revista De Administração Mackenzie* 16: 213–35.

OECD (Organisation for Economic Co-operation and Development) and World Bank. 2015. *Inclusive Global Value Chains: Policy options in trade and complementary areas for GVC Integration by small and medium enterprises and low-income developing countries.* Paris and Washington, DC: OECD and World Bank.

Ojala, Lauri. 2016. *Logistics Performance Index (LPI): Implications for Logistics Connectivity of Asem Partners.* Singapore: Asia-Europe Foundation.

Ojala, Lauri, and Dilay Celebi. 2015. "The World Bank's Logistics Performance Index (LPI) and Drivers of Logistics Performance." Paper prepared for the International Trade Forum Roundtable on Logistics Development Strategies and their Performance Measurements, Queretaro, Mexico, March 9–10.

Petrovic, Marijana, Veljko Jeremib, and Natasa Bojkovi. 2017. "Exploring Logistics Performance Index Using I-Distance Statistical Approach." Proceedings of the 3rd Logistics International Conference, Belgrade, Serbia, May 25–27.

Popa, Ioan, Dorel Mihai Paraschiv, and Roxana Voicu-Dorobanțu. 2010. "A Dynamic Cluster Analysis of the Logistics Performance Index: A Romanian Case Study." *Revista Economica* 5 (52): 175–81.

Portugal-Perez, Alberto, and John S. Wilson. 2012. "Export Performance and Trade Facilitation Reform: Hard and Soft Infrastructure." *World Development* 40 (7): 1295–1307.

Puertas, Rosa, Luisa Marti, and Leandro Garcia. 2014. "Logistics Performance and Export Competitiveness: European Experience." *Empirica Journal of European Economics* 41: 467–80.

Pupavac, Drago, and Mimo Draskovic. 2017. "Analysis of Logistic Performance in Southeast European Countries." Proceedings of the 17th International Scientific Conference on Business Logistics in Modern Management, Osijek, Croatia, October 12–13.

Raimbekov, Zhanarys S., Bakyt U. Syzdykbayeva, Kamshat P. Mussina, Luiza P. Moldashbayeva, and Bakytzhamal A. Zhumataeva. 2017. "The Study of the Logistics Development Effectiveness in the Eurasian Economic Union Countries and Measures to Improve It." *European Research Studies Journal* XX (4B): 260–76.

Rantasila, Karri. 2013. "Logistics Costs: Designing A Generic Model for Assessing Macro Logistics Costs in a Global Context with Empirical Evidence from the Manufacturing and Trading Industries." Doctoral Dissertation, Turku School of Economics, Turku, Finland.

Rantasila, Karri, and Lauri Ojala. 2012. "Measurement of National-level Logistics Costs and Performance." Discussion Paper No. 2012–4, International Transport Forum, Paris.

Ruamsook, Kusumal, Dawn M. Russell, and Evelyn A. Thomchick. 2009. "Sourcing from Low-Cost Countries: Identifying Sourcing Issues and Prioritizing Impacts on Logistics Performance." *The International Journal of Logistics Management* 20 (1): 79–96.

Ruske, Klaus-Dieter, Diederik Fouche, Rob Jeffrey, Peter Kauschke, Andrew Shaw, Ilse Fieldgate, Tobias Pütter, Shenaaz Peer, and Luchelle Soobyah. 2013. *Africa gearing up: Future prospects in Africa for the transportation & logistics industry.* PwC Transportation & Logistics.

Saslavsky, Daniel, and Ben Shepherd. 2012. "Facilitating International Production Networks: The Role of Trade Logistics." Policy Research Working Paper 6224, World Bank, Washington, DC.

———. 2014. "Facilitating International Production Networks: The Role of Trade Logistics." *The Journal of International Trade & Economic Development* 23 (7): 979–99.

Savy, Michel. 2016. "Logistics as a Political Issue." *Transport Reviews* 36 (4): 413–17.

Seabra, Fernando, Giulia P. Flores, and Karolina C. Gomes. 2016. "Effects of Corruption and Logistics Performance on Container Throughput: The Latin America Case." *International Journal of Economics and Management Engineering* 10 (8): 3025–31.

Shepherd, Ben. 2017. "Infrastructure, Trade Facilitation, and Network Connectivity in Sub-Saharan Africa." *Journal of African Trade* 3 (1–2): 1–22.

Sipos, Gabriela-Lucia, and Cristian-Gabriel Bizoi. 2015. "Innovation and Logistics Performance: Cause and Effects." *Revista Economica* 67 (3): 112–27.

Solakivi, Tomi, Erik Hofmann, Juuso Töyli, and Lauri Ojala. 2018. "The Performance of Logistics Service Providers and the Logistics Costs of Shippers: A Comparative Study of Finland and Switzerland."

International Journal of Logistics Research and Applications 21 (4): 1–20.

Solakivi, Tomi, Lauri Ojala, Harri Lorentz, Sini Laari, and Juuso Töyli. 2012. *Finland State of Logistics 2012.* Helsinki: Ministry of Transport and Communications.

Solakivi, Tomi, Lauri Ojala, Juuso Töyli, Hanne-Mari Hälinen, Harri Lorentz, Karri Rantasila, Kari Huolila, and Sini Laari. 2010. *Finland State of Logistics 2010.* Helsinki: Ministry of Transport and Communications.

Solakivi, Tomi, Lauri Ojala, Juuso Töyli, Hanne-Mari Hälinen, Harri Lorentz, Karri Rantasila, and Tapio Naula. 2009. *Finland State of Logistics 2009.* Helsinki: Ministry of Transport and Communications.

Solakivi, Tomi, Lauri Ojala, Sini Laari, Harri Lorentz, Juuso Töyli, Jarmo Malmsten, Ninni Lehtinen, and Elina Ojala. 2016. *Finland State of Logistics 2016.* Turku, Finland: University of Turku.

Solakivi, Tomi, Lauri Ojala, Sini Laari, Harri Lorentz, Juuso Töyli, Jarmo Malmsten, and Noora Viherlehto. 2014. *Finland State of Logistics 2014.* Turku, Finland: University of Turku.

Song, Dong-Wook, and Photis M. Panayides. 2015. *Maritime Logistics: A Guide to Contemporary Shipping and Port Management.* Second Edition. London: Kogan Page.

Su, Shong-lee Ivan, and Jian-Yu Fisher Ke. 2015. "National Logistics Performance Benchmarking for Trade Connectivity: An Innovative Approach Using World Bank Logistics Performance Index Database." Paper presented at the International Conference on Global Integration of Economies and Connectivity Development, in collaboration with the Asian Logistics Round Table, Soochow University, Taipei, August 31–September 1.

Takele, Tesfaye Belay. 2017. "The Importance of National Trade Logistics Performance on Export in African Countries." Master's Thesis, Molde University College, Molde, Norway.

Tan, Albert Wee Kwan, and Olli-Pekka Hilmola. 2012. "Future of Transshipment in Singapore." *Industrial Management & Data Systems* 112 (7): 1085–1100.

Uca, Nagehan, Huseyin Ince, and Halefsan Sumen. 2016. "The Mediator Effect of Logistics Performance Index on the Relation Between Corruption Perception Index and Foreign Trade Volume." *European Scientific Journal* 12 (25): 37–45.

Uca, Nagehan, Mustafa Emre Civelek, and Murat Çemberci. 2015. "The Effect of the Components of Logistics Performance Index on Gross Domestic Product: Conceptual Model Proposal." *Eurasian Business & Economics Journal* 1 (1): 86–93.

Umaru, Faruk Adams. 2015. "The Impact of Supply Chain Logistics Performance Index on the Control of Neglected Tropical Diseases in Low- and Middle-Income Countries." Doctoral Dissertation, Walden University, Minneapolis, MN.

Wang, Mei Ling, and Chang Hwan Choi. 2018. "How Logistics Performance Promote the International Trade Volume? A Comparative Analysis of Developing and Developed Countries." *International Journal of Logistics Economics and Globalisation* 7 (1): 49–70.

WEF (World Economic Forum). 2008. *The Global Enabling Trade Report.* Geneva: WEF.

Wong, Wai Peng, and Chor Foon Tang. 2018. "The Major Determinants of Logistic Performance in a Global Perspective: Evidence from Panel Data Analysis." *International Journal of Logistics Research and Applications* 21 (4): 431–43.

Yildiz, Turkay. 2014. *Business Logistics: Theoretical and Practical Perspectives with Analyses.* North Charlston, SC: CreateSpace Independent Publishing Platform.

Zaman, Khalid. 2018. "The Impact of Hydro-Biofuel-Wind Energy Consumption on Environmental Cost of Doing Business in a Panel of BRICS Countries: Evidence from Three-Stage Least Squares Estimator." *Environmental Science and Pollution Research* 25: 4479–90.

Zaman, Khalid, and Sadaf Shamsuddin. 2017. "Green Logistics and National Scale Economic Indicators: Evidence from a Panel of Selected European Countries." *Journal of Cleaner Production* 143: 51–63.

Zhang, Siyuan. 2017. "Study of the Gravity Model Based on International Cases." *Advances in Engineering Research* 130: 963–66.

附录 8　世界银行物流绩效评价调查（2018）

世界银行诚邀您参加世行2017年物流绩效评价调查。这是一项针对物流运营商的全球调查，参与者可以借此提供他们对交通成本、基础设施、海关等物流领域的看法。

您所提供的调查结果将有助于制定一套公开的物流绩效评价指标体系(LPI2018)。这一体系由世界银行发布，并由世界各地的决策者和学者密切跟踪。

该活动的目的不在于获取任何机密或某个商业结构的具体信息，也不需要管理层审查或监督。我们会确保您所提供的全部信息匿名并保密。

关于填写调查问卷的注意事项

填写问卷的过程可以随时中止或继续。

系统会提供答卷人所属公司专用的链接以完成问卷。通过该链接，答卷人可以重新登录2015物流绩效评价调查网页并回到之前中断的问卷页面。

在填写问卷过程中，您必须点击"下一步"箭头以保存您已填写的问题。

技术帮助

如需技术帮助，或对问卷有任何疑问及评论，欢迎垂询 lpi@worldbank.org

感谢参与此项意义重大的全球活动并提供宝贵信息

开始填写问卷

您在这里 ▶ **开始填写问卷** > 国际物流绩效评价指标体系 > 国内物流绩效评价指标体系 > 结束填写调查问卷

Edit: English | Edit: Spanish | Edit: Chinese, Simplified | Edit: French | Edit: Russian |

请在以下各项中选择**最符合**您的工作职位和工作性质的选项（*需填空格）

1/33 您在公司的职位（选一项）：
- ○ 高级主管
- ○ 地区及/或国别主管经理
- ○ 部门经理
- ○ 管理人员
- ○ 操作人员
- ○ 其他

2/33 贵公司的组织机构级别
- ○ 总公司或区域总部
- ○ 公司在某国的分支机构
- ○ 公司在某国的地方分支机构
- ○ 独立运营公司或私人企业

3/33 您公司的员工人数为（选一项）：*
- ○ 1-9
- ○ 10-49
- ○ 50-249
- ○ 250-499
- ○ 500 或更多

4/33 贵公司物流业务的主要运输方式（选一项）：
- ○ 海运
- ○ 公路运输
- ○ 铁路运输
- ○ 空运
- ○ 快递
- ○ 多种运输模式并存

5/33 贵公司物流业务的范围（选一项）：
- ○ 出口
- ○ 进口
- ○ 进出口
- ○ 国内业务
- ○ 国际业务
- ○ 以上多数选项皆有

6/33 贵公司物流业务的主要类型（选一项）：
- ○ 集装箱/拖车整箱货物运输
- ○ 集装箱/拖车非整箱货物运输
- ○ 散装货运输
- ○ 按照客户定制的物流方案运输
- ○ 货物仓储及派送
- ○ 快件递送服务
- ○ 以上多数选项皆有

7/33 贵公司主要和以下的哪个地区有业务往来（选择一个）：

--- 选择 ---

8/33 您当前工作的所在国*

--- 选择 ---

☐ 请点击这里以确认您的国家选择*

您目前所工作的国家：您已经选择了

作为您目前工作的国家。如果不正确，请重新选择正确的国家。

9/33 输入贵公司所在地的邮政编码（或城市名称）

电子邮件

请在此输入您的电子邮件地址，以使用"稍后继续"按钮（可选）

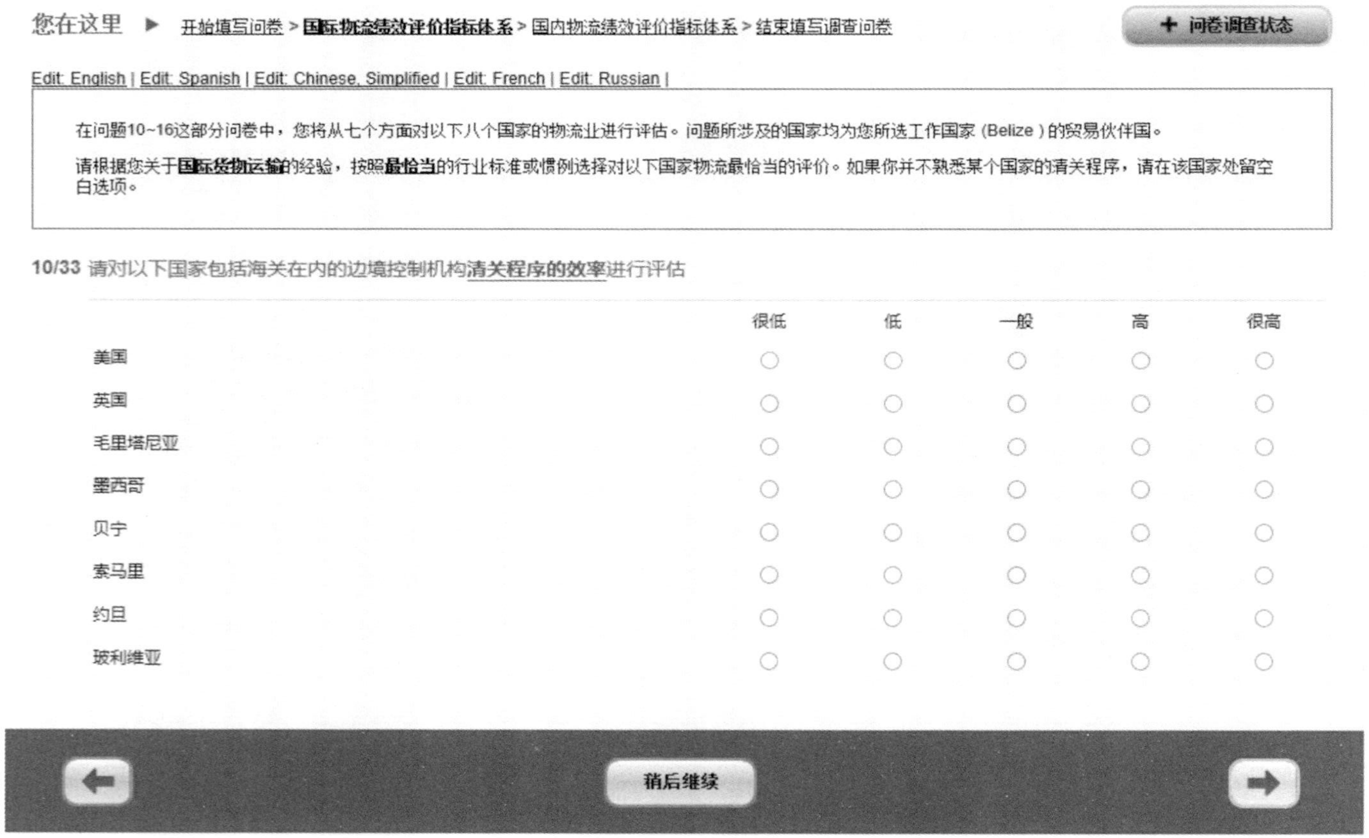

您在这里 ▶ 开始填写问卷 > **国际物流绩效评价指标体系** > 国内物流绩效评价指标体系 > 结束填写调查问卷

＋ 问卷调查状态

Edit: English | Edit: Spanish | Edit: Chinese, Simplified | Edit: French | Edit: Russian |

在问题10~16这部分问卷中，您将从七个方面对以下八个国家的物流业进行评估。问题所涉及的国家均为您所选工作国家（Belize）的贸易伙伴国。

请根据您关于**国际货物运输**的经验，按照**最恰当**的行业标准或惯例选择对以下国家物流最恰当的评价。如果你并不熟悉某个国家的清关程序，请在该国家处留空白选项。

10/33 请对以下国家包括海关在内的边境控制机构**清关程序的效率**进行评估

	很低	低	一般	高	很高
美国	○	○	○	○	○
英国	○	○	○	○	○
毛里塔尼亚	○	○	○	○	○
墨西哥	○	○	○	○	○
贝宁	○	○	○	○	○
索马里	○	○	○	○	○
约旦	○	○	○	○	○
玻利维亚	○	○	○	○	○

稍后继续

您在这里 ▶ 开始填写问卷 > **国际物流绩效评价指标体系** > 国内物流绩效评价指标体系 > 结束填写调查问卷　　**+ 问卷调查状态**

Edit: English | Add translation: Spanish | Add translation: Chinese, Simplified | Add translation: French | Add translation: Russian |

11/33 请对以下国家的**贸易和运输相关的基础设施**（如港口，铁路，道路，信息技术）进行评估

	很低	低	一般	高	很高
美国	○	○	○	○	○
英国	○	○	○	○	○
毛里塔尼亚	○	○	○	○	○
墨西哥	○	○	○	○	○
贝宁	○	○	○	○	○
索马里	○	○	○	○	○
约旦	○	○	○	○	○
玻利维亚	○	○	○	○	○

12/33 在运价很好的前提下，请对以下国家**安排货物运输的简便程度**进行评估

	很困难	困难	一般	简便	很简便
美国	○	○	○	○	○
英国	○	○	○	○	○
毛里塔尼亚	○	○	○	○	○
墨西哥	○	○	○	○	○
贝宁	○	○	○	○	○
索马里	○	○	○	○	○
约旦	○	○	○	○	○
玻利维亚	○	○	○	○	○

稍后继续

您在这里 ▶ 开始填写问卷 > 国际物流绩效评价指标体系 > 国内物流绩效评价指标体系 > 结束填写调查问卷

✚ 问卷调查状态

Edit: English | Add translation: Spanish | Add translation: Chinese, Simplified | Add translation: French | Add translation: Russian |

13/33 请对以下国家物流服务的总体表现和质量（如运输公司，海关报关行等）进行评估

	很低	低	一般	高	很高
美国	○	○	○	○	○
英国	○	○	○	○	○
毛里塔尼亚	○	○	○	○	○
墨西哥	○	○	○	○	○
贝宁	○	○	○	○	○
索马里	○	○	○	○	○
约旦	○	○	○	○	○
玻利维亚	○	○	○	○	○

14/33 如果货物需运至下列国家，请对跟踪货物交托的能力进行评估

	很低	低	一般	高	很高
美国	○	○	○	○	○
英国	○	○	○	○	○
毛里塔尼亚	○	○	○	○	○
墨西哥	○	○	○	○	○
贝宁	○	○	○	○	○
索马里	○	○	○	○	○
约旦	○	○	○	○	○
玻利维亚	○	○	○	○	○

稍后继续

您在这里 ▶ 开始填写问卷 > **国际物流绩效评价指标体系** > 国内物流绩效评价指标体系 > 结束填写调查问卷

＋ 问卷调查状态

Edit: English | Add translation: Spanish | Add translation: Chinese, Simplified | Add translation: French | Add translation: Russian |

15/33 当向以下国家运输货物时，货物是否能够**按时送达收货人**？

	几乎不能	很少能	有时能	经常能	几乎总是
美国	○	○	○	○	○
英国	○	○	○	○	○
毛里塔尼亚	○	○	○	○	○
墨西哥	○	○	○	○	○
贝宁	○	○	○	○	○
索马里	○	○	○	○	○
约旦	○	○	○	○	○
玻利维亚	○	○	○	○	○

16/33 托运人在委托运送货物时，**经常会要求有利于环境保护的运输安排吗**（例如：关于污染气体排放水平，运输路线选择，船只车辆型号，日程安排等的要求）：

	几乎不能	很少能	有时能	经常能	几乎总是
美国	○	○	○	○	○
英国	○	○	○	○	○
毛里塔尼亚	○	○	○	○	○
墨西哥	○	○	○	○	○
贝宁	○	○	○	○	○
索马里	○	○	○	○	○
约旦	○	○	○	○	○
玻利维亚	○	○	○	○	○

← 稍后继续 →

17/33 请根据您在**国际物流**方面的经验选择能够描述您所工作的国家（Belize）的物流环境的**最佳**选项：

	很高	高	一般	低	很低
海港的港口费用	○	○	○	○	○
航空港的港口费用	○	○	○	○	○
公路运输的费率	○	○	○	○	○
铁路运输的费率	○	○	○	○	○
仓储费用	○	○	○	○	○
代理的费用	○	○	○	○	○

18/33 请评估您所工作国家（Belize）的**与贸易和运输相关的基础设施的质量**（如：港口、道路、机场、信息技术）：

	很低	低	一般	高	很高
海港基础设施	○	○	○	○	○
机场基础设施	○	○	○	○	○
道路基础设施	○	○	○	○	○
铁路基础设施	○	○	○	○	○
仓储设施	○	○	○	○	○
通讯基础设施及信息技术服务	○	○	○	○	○

稍后继续

19/33 请评估您所工作的国家(Belize) 在以下方面的**实力及服务质量**:

	很低	低	一般	高	很高
公路运输服务业	○	○	○	○	○
铁路运输服务业	○	○	○	○	○
航空运输服务业	○	○	○	○	○
海上运输服务业	○	○	○	○	○
仓储及货物装载派送业	○	○	○	○	○
货物转运公司	○	○	○	○	○
清关报关代理商	○	○	○	○	○
质量/标准检查机构	○	○	○	○	○
卫生/动植物卫生标准监督机构	○	○	○	○	○
报关行	○	○	○	○	○
海关机构与贸易及运输有关的协会	○	○	○	○	○
托运及收货	○	○	○	○	○

20/33 请评估您所工作国家(Belize)在以下方面的**效率**:

	几乎不能	很少能	有时能	经常能	几乎总是
进口的货物是否能够按照预定时间清关并运达？	○	○	○	○	○
出口的货物是否能够按照预定时间清关并运走？	○	○	○	○	○
海关的清关程序是否透明？	○	○	○	○	○
其他边境机构的清关过程是否透明？	○	○	○	○	○
规则变化时，您能够及时准确地收到有关信息吗？	○	○	○	○	○
平时表现较好的商家是否能得到加快清关的待遇？	○	○	○	○	○

稍后继续

21/33 请评估在您所工作的国家(Belize)以下情况发生的频率:

	几乎总是	经常能	有时能	很少能	几乎不能
是否曾因被迫将货物存放在海关或转运而延误了运送？	○	○	○	○	○
是否因在海关的转运前检验而延误了运送？	○	○	○	○	○
是否曾因货物海上转船而延误了运送？	○	○	○	○	○
犯罪活动（如货物被盗）	○	○	○	○	○
物流活动中腐败的发生概率	○	○	○	○	○

22/33 请评估您所工作的国家 (Belize)2015年以来在以下方面的变化情况:

	大大退步	退步	基本不变	好转	大大好转
海关清关手续	○	○	○	○	○
其他与进出口有关的政府部门的手续	○	○	○	○	○
贸易和运输基础设施的质量	○	○	○	○	○
通讯和信息技术基础设施和服务质量	○	○	○	○	○
私营物流服务商的服务质量	○	○	○	○	○
物流规章制度体系	○	○	○	○	○
物流活动中腐败的发生概率	○	○	○	○	○

23/33 请根据您工作所在国自2015年以来的发展情况，评估以下几点发展指标（(Belize)）

	大幅减少	减少	基本保持不变	增加	大幅增加
对于传统货物运输代理（如揽货订仓代理、处理相关运输文件代理及货物清关代理等）此类商业服务的需求量正在	○	○	○	○	○
发货人增加对于电子商务交易平台（如B2B和B2C）的运用意味着我们的业务量正在	○	○	○	○	○
物流运输行业中可能存在的网络安全威胁正在	○	○	○	○	○
我们公司对于网络安全威胁的防范正在	○	○	○	○	○

在这部分的调查问卷中（问题23~33），您将对 **您所工作国家** (Belize) 的物流环境作出**评价**

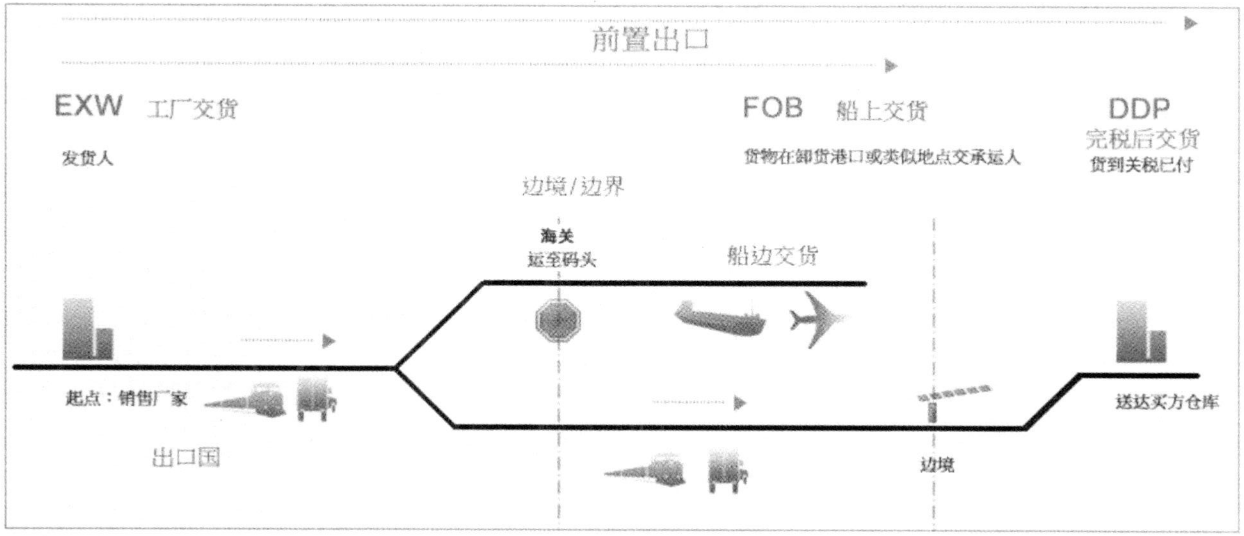

24/33 ---当从你工作的国家满载出口时,请评估以下距离与时间参数

请从下列供应链上选择与您相关的部分作答:

○ 至港口/机场—出口前程运输: 工厂交货 至 装运港船上交货

○ 陆运—出口运输: 工厂交货 至 进口国完税后交货

○ 二者皆有

稍后继续

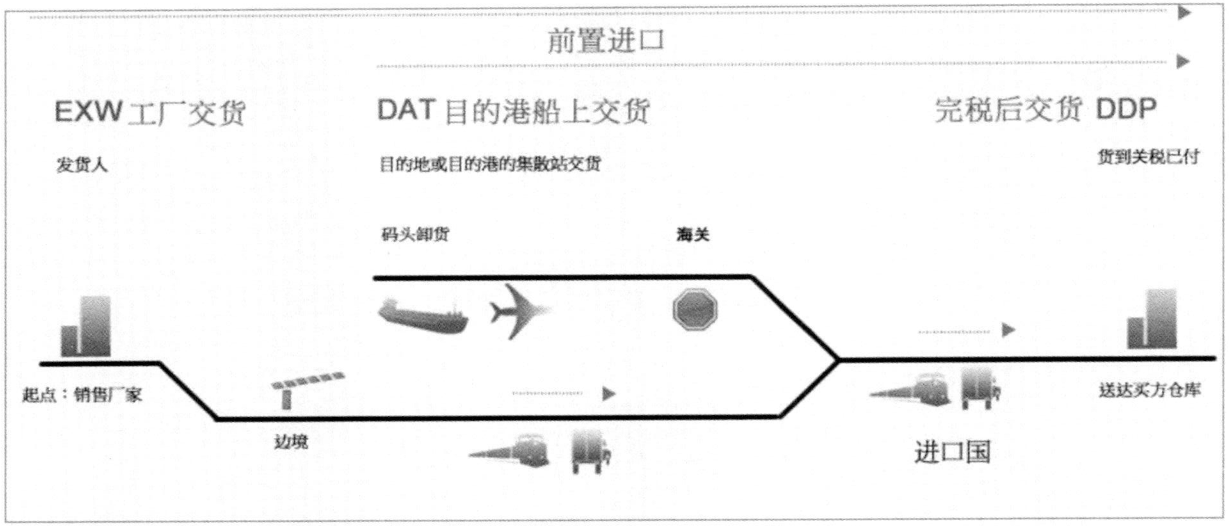

25/33 ---当向你工作的国家满载进口时,请评估以下距离与时间参数

请从下列供应链上选择与您相关的部分作答:

○ 从港口/机场一进口转运输:目的地或目的港的集散站交货 至 进口国完税后交货

○ 从陆路一进口转运输：以出厂价在工厂或指定地点交货 至 清关完税后在指定地点交货

○ 二者皆有

26/33 作为物流服务提供商，您是否保存为客户所提供服务程度的数据？如果有，进口货物至(Belize)达到质量标准可以送达收货人的情况占多大百分比？

--- 选择 ---

稍后继续

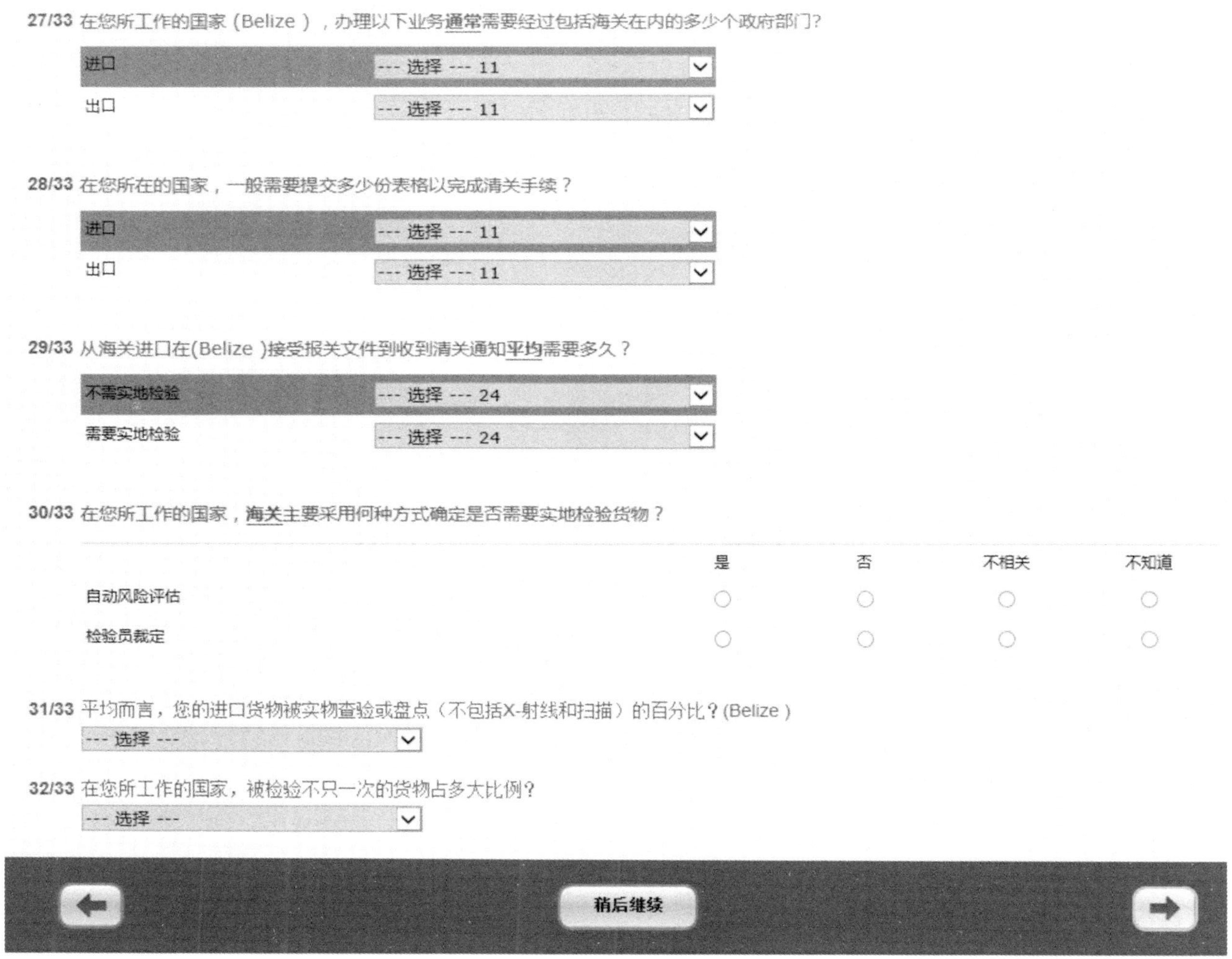

27/33 在您所工作的国家（Belize），办理以下业务**通常**需要经过包括海关在内的多少个政府部门?

进口	--- 选择 --- 11
出口	--- 选择 --- 11

28/33 在您所在的国家，一般需要提交多少份表格以完成清关手续？

进口	--- 选择 --- 11
出口	--- 选择 --- 11

29/33 从海关进口在(Belize)接受报关文件到收到清关通知**平均**需要多久？

不需实地检验	--- 选择 --- 24
需要实地检验	--- 选择 --- 24

30/33 在您所工作的国家，**海关**主要采用何种方式确定是否需要实地检验货物？

	是	否	不相关	不知道
自动风险评估	○	○	○	○
检验员裁定	○	○	○	○

31/33 平均而言，您的进口货物被实物查验或盘点（不包括X-射线和扫描）的百分比？(Belize)

--- 选择 ---

32/33 在您所工作的国家，被检验不只一次的货物占多大比例?

--- 选择 ---

稍后继续

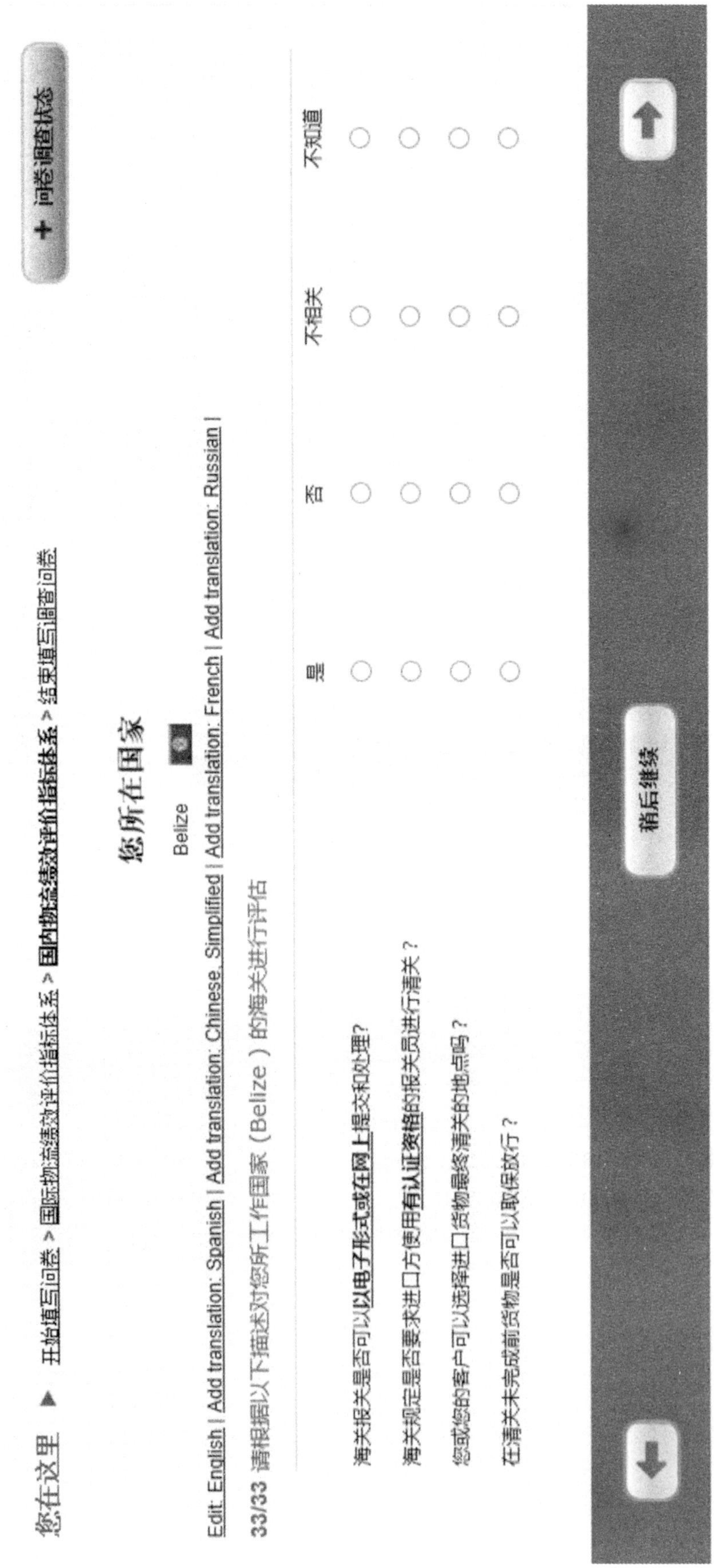
您在这里 ▶ 开始填写问卷 > 国际物流绩效评价指标体系 > 国内物流绩效评价指标体系 > 结束填写调查问卷
+ 问卷调查状态
您所在国家
Belize
Edit: English | Add translation: Spanish | Add translation: Chinese, Simplified | Add translation: French | Add translation: Russian |
33/33 请根据以下描述对您所工作国家（Belize）的海关进行评估
是
否
不相关
不知道
海关报关是否可以以电子形式或在网上提交和处理？
海关规定是否要求进口方使用有认证资格的报关员进行清关？
您或您的客户可以选择进口货物最终清关的地点吗？
在清关未完成前货物是否可以取保放行？
稍后继续

图书在版编目（CIP）数据

世界银行物流绩效指数报告：联结以竞争：全球经济中的贸易物流．2018／（法）阿维斯等著；王波译．—北京：中国财富出版社，2018.11

书名原文：The Logistics Performance Index and Its Indicators 2018：Connecting to Compete：Trade Logistics in the Global Economy

ISBN 978－7－5047－6750－9

Ⅰ.①世…　Ⅱ.①阿…②王…　Ⅲ.①物流—经济绩效—指数—研究报告—世界—2018 ②物流—经济绩效—经济指标—研究报告—世界—2018　Ⅳ.①F259.1

中国版本图书馆 CIP 数据核字（2018）第 249333 号

策划编辑　郑欣怡　　**责任编辑**　邢有涛　孙铂洋
责任印制　梁　凡　　**责任校对**　孙丽丽　　**责任发行**　敬　东

出版发行　中国财富出版社
社　　址　北京市丰台区南四环西路 188 号 5 区 20 楼　　**邮政编码**　100070
电　　话　010－52227588 转 2048/2028（发行部）　010－52227588 转 321（总编室）
　　　　　010－68589540（读者服务部）　010－52227588 转 305（质检部）
网　　址　http：//www. cfpress. com. cn
经　　销　新华书店
印　　刷　北京京都六环印刷厂
书　　号　ISBN 978－7－5047－6750－9/F·2955
开　　本　889mm×1194mm　1/16　　**版　　次**　2018 年 11 月第 1 版
印　　张　8　　**印　　次**　2018 年 11 月第 1 次印刷
字　　数　175 千字　　**定　　价**　68.00 元
